JN217385

あなたの文章が劇的に変わる5つの方法

尾藤克之

三笠書房

はじめに――書くことで思考は無限に広がっていく！

ＩＴ化が進み、世の中はどんどん便利になっていく。しかし、変わらず必要なものがある。それは文章を書くということ。どんなに時代が変わっても、「書く」ということは絶対的に必要なスキルなのだ。そして「文章」の力を上げておくことのメリット感はますます高まっている。

「文章を書くことが苦手なのですが、そんな私でもうまく書けるようになりますか？」、こんな質問をよく受ける。もちろん、答えは「ＹＥＳ！」。

ちょっとしたことであなたの文章は劇的に変わる！

現在、私は言論プラットフォーム「アゴラ」を中心に執筆投稿を行っている。コラムニストとしての活動が主であるが、その前は経営コンサルタント、ＩＴ系企業の役員、また代議士秘書としても仕事をしていた。

どの職場でも難解な専門用語や略語などが飛び交い、はじめは文章どころか記録すらおぼつかないこともあった。書類やレポートを書き直したことも数えきれないほどある。今はコラムニストとして公の場で文章を書いているが、そんな私もはじめからうまく書けたわけではないのだ。

本書は、私がこれまで経験してきた中で得た「必ず伝わり、相手の心を動かすすごい文章を書くためのテクニック」を、5つの「スゴ文」の極意としてまとめたものだ。

文章を書くということは大事なスキルであるにもかかわらず、日本の国語教育は残念ながら「読解力」にウェイトが置かれている。レポートや論文、小中学校の読書感想文など、文章を書く機会がないわけではないが、「文書術」を学ぶ機会は圧倒的に少ない。

しかし、「文章力」を一度手にすれば、それは一生使える技術であり、財産だ。書くことにより、視野が広がり、思考も深くなる。

繰り返すが、文章は誰でもうまく書けるようになる！

本書があなたの文章力向上の参考書として、書く楽しみを味わえる一助となれば幸いである。

尾藤克之

CONTENTS

2
—章—
これで伝わる！ SNS、ブログでの一流文章術

3章 ビジネスメールのセンスを上げる！
――デキる人の文章戦術

4 章

プロ直伝＋αの技！

——文章に磨きをかける技術

ブックデザイン　小口翔平＋喜來詩織（tobufune）
編集協力　株式会社J. Discover

1章

これだけはおさえておきたい！「伝わるスゴ文」5つの掟《おきて》

文章のゴールをはっきりと見極めるべし！

ワクワクするようなイメージをふくらませる

文章を書くとき、一番大事なことは何だと思いますか？

最近受け取るメール、また商品案内や資料、会合のお誘いなどの文章を見ていると、「うまく書きたい」「カッコよく見せたい」ことを意識するあまりどこか表面的で、本来の目的を成し得ていないようなものも多くあります。また、お手本、いわゆる書式集をそのまま写しているると思われるケースも……。

でも、文章において「うまく見せる」のは、本来の目的ではありません。

文章には、「知ってもらう」「理解を深める」「説得する」「記録として残す」などさまざまな目的があります。そして最も大事なのは、**「自分が伝えたいことを相手にきちんと伝えること」**なのです。その中でも、私が特に仕事で大事にしているのは、文章を読む相手の**「行動を促すこと」**です。

この行動を促すとはどういうことでしょうか？

たとえば新しい商品やサービスを提案する場合、対象相手を具体的にイメージし、類似商品との差別化、販売計画などを企画書に落としこんでいくと思います。そしていざ商品化されたら、今度は対象相手にアプローチする方法を考えます。

車のカタログがわかりやすい例でしょう。カタログには、性能や品質をうたう前に、「この車でどこに行こうか？」「車があれば、どんなに人生が楽しくなるか？」をイメージさせるコピーが美しい写真とともに書かれていますね。

相手の購買欲をそそる言い回しによって、その車を手に入れたときの幸せな気持ちや光景などプラスのイメージを与え、購買欲を刺激して動機づけするわけです。

このように相手の心に届けるために必要なのが4章で紹介する心惹かれるキャッチコピーだったり、商品の魅力を伝える文章です。

文章にふれた相手が商品を買いたい！　と思い、行動を起こす、それを意識することが文章を書く上で大事なことだと思います。

そうやって相手の心を動かすことができたら、書き手の勝利! つまり、**ターゲットの行動を促すためのスイッチを入れることができた**ことになります。

こうしたことは文章を専門にするコピーライターやライターの仕事に限ったことではなく、ちょっとした案内文や企画書、報告書などにも同じことがいえます。

つまり、〝読み手〟の存在を意識することが大切なのです。

読んでもらいたい相手がいるからには、相手に何をどう伝えるか、そして相手がどうとらえるかが問題になります。それが文章の役割と効果です。

誰に、何を、何の目的で、どう伝えるか。自分本位の「うまく書きたい」という気持ちだけが先行していては、この役割と効果が発揮できません。

あなたの文章の読者は誰ですか？

前項でお話ししたように、日記など私的なものを除けば、どの文章にも必ず「読み手」はいます。

一般に公開しているブログもそうですし、自社の商品やサービスをアピールする企画書やプレゼン資料などはもちろん、手紙やメールなどプライベートな文章であっても対象相手、つまりターゲットがいます。

しかし、私が文章術セミナーなどで「その文章を誰に読ませたいですか？」と質問しても「誰といっても……この商品は幅広い世代にアピールできるので、一人でも多くの方に読んでもらいたいです！」などと漠然とした回答が返ってくることがほとんどです。

より多くの人に……という気持ちはわかります。しかし、たとえ不特定多数の人に読んでもらう文章であっても、あらかじめターゲットを想定し、しぼりこんでおきましょう。

あたり前だと思うかもしれませんが、世の中にはこれができていない文章がとても多いのです。

では、ターゲットはどのようにしてしぼっていけばよいのでしょうか？

まずは「年齢・性別・職業」。この3つを決めましょう。

男性か女性か、子どもか高校生か、会社員か自営業か。会社員ならどの階層なのか（新人、中堅、リーダー・指導者クラスなど）、これがターゲットです。

たとえば、美容器具を売りこみたい場合、若い世代かシニア層なのか、狙いたいターゲットによって、取り上げるべき情報、文章のタッチなど大きく異なります。

言い換えれば、**ターゲットが明確にならなければ、何をどのように書けばよいのか決まらない**のです。カメラはピントをしぼらなければ、シャッターは切れません。文章も同じです。だからこそ、まずはその文章を読ませる相手、ターゲットを決める必要があるのです。

ターゲットをしぼりこむことで広く読んでもらえる！

ターゲットをしぼりこむ理由は、狙いたいターゲットを明確にし、確実に読ませるため、ということは前述しましたが、しぼりこむことで思わぬ広がりも期待できます。次に音楽関係の会社に入社希望の2人の文章を例にあげます。どちらがあなたの心に響くでしょうか？

例

①私は音楽が好きです。小学生のときからピアノを習っていて、今では腕前はセミプロといっても過言ではありません。音楽以外では水泳が好きで地区大会で入賞したこともあります。

あと母が裁縫が得意なので、幼い頃から刺繍や編み物も勉強していました。このような経歴があるため、私は御社への入社を希望したいと思います。

例

②私は音楽が好きです。小学校のときからピアノを習っていて、今では腕前はセミプロといっても過言ではありません。中学・高校と吹奏楽部に所属して、全国大会に出場した経験もあります。

高校卒業後は、音大に進学し、学業に専念すると同時に、近所の子どもたちにピアノを教えていました。このような経歴を活かすため、私は御社への入社を希望したいと思います。

①は音楽も運動も裁縫も得意なことはわかりますが、なぜ音楽業界の会社に入りたいのか、よくわかりません。幅広い知識と能力があるということをアピールしたいのかもしれませんが、採用担当者の心には残念ながら響かないでしょう。

②は、幼少時からピアノを勉強し続けて、音大にも入学。これまで培ってきた専門知識を音楽関連の会社に就職して活かしたいと思っていることが想像できます。

ターゲットである音楽関連の会社の採用担当者はもちろん、他業界の採用担当者でも、一つのことを続ける信念や集中力の深さが感じられ、②の人物を採用したくなるのではないでしょうか。

このように読んでもらいたい相手や事柄をきちんとしぼり、掘り下げて書くことで、本来読んでもらいたい相手以外にも読んでもらえるチャンスが大きくなります。

ターゲットはどのようにしぼればよい？

自分がすすめたい商品やサービスにおいて、明確にターゲットがしぼりこめている場合は問題ありませんが、いったいどのレベルまでターゲットをしぼりこむべきか、悩む人もいるのではないでしょうか。

たとえば30代男性に向けて車を提案する場合、これだけでもある程度は車種をしぼれるかもしれませんが、30代男性既婚で子どもが2人、このように要素を足してしぼりこんでいくだけで、この男性へ提案する車種はよりしぼりこめるはずです。

私はニュースサイトに記事を書くとき、**より具体的に読者をイメージする**ようにしています。たとえば、グルメ情報について書く場合、「食べることに関心がある人」という設定だけでは、しぼったことになりません。

グルメといっても、トレンド、価格、店、地域性、健康など切り口はさまざま。ターゲットをグッとしぼることで、どんな料理、どんな店を紹介するのかが決まります。

仮に、〈男性、20代、サラリーマン〉に向けたグルメ記事を書くとしましょう。これをさらに具体化してみます。

首都圏在住／中堅企業勤務／年収４００万円程度／営業マン／食事は外食が多い／一人ぐらし／彼女がほしい

このように設定すると、記事の内容は、

・ボリューム満点、コスパがいい店
・サラリーマンの聖地、新橋のトレンド
・合コンに適した話題の店
・B級グルメ

・接待に適したいい店、上司にほめられる店

などのテーマが考えられます。

ライフスタイルは人によって異なり、文章が読まれる環境もさまざま。ですから、文章を書く際は読み手の生活事情を想定して文章を書かなくてはなりません。

つまり**読み手を明確にすることは、文章のテーマ（切り口）を決めること**にもつながるのです。

何度も言うようですが、誰に向けた文章なのか、どういう行動を促したいのか、さまざまなイメージを思い浮かべるのは、文章を書く上で大きな意味を持ちます。

文章を書き始めてからも、言葉や表現に迷うこともあるでしょう。そんなときはいったん立ち止まり、ターゲットを今一度明確にイメージすることが重要です。

23ページに図示したチェックリストをもとに、文章を読んでほしいと思っている相

手、または自社の商品を買ってもらいたいと思っているターゲットの顔、体型、生活スタイルなどを細かく具体的にイメージして書くことで、おのずと「この言い方は刺さるな」「これはピンとこないかも」と、判断できるようになるはず。

こうして、よりターゲットの心に刺さるものを書くことで、あなたの伝えたい内容は相手にきちんと伝わるはずです。

読ませたい相手はどんな人？
この要素でしぼりこめ！

- 顔、体型
- 年齢（年代）、性別
- 職業（役職）
- 月収、年収
- 家族構成
- 既婚・未婚
- 居住地（都心、郊外、地方など）
- 性格
- 最終学歴
- 趣味
- 生活スタイル（休日の過ごし方）
- 悩み
- 愛読書（雑誌）
- 好きなWebサイト
- 情報源
- デバイス（スマートフォン、ＰＣ）
- いつ見るのか
- どこで見るのか

伝えるポイントをしぼってアピール上手に

就職活動の自己PRや職務経歴書、販促プロモーション用の文章などの場合、アピールポイントを特に明確にすることが大事です。

16ページの例文のように、たとえ自分によいところがたくさんあったとしても、それを羅列しただけでは採用担当者やお客様の目には留まりません。

一番の〝売り〟になるポイントを積極的にアピールすることで、初めて読み手に伝わります。

たとえば、同じ介護ボランティアのサークルに所属していたA君とB君。あなただったら、どちらを採用しますか？

A君

私が学生時代に最も力を入れたのはサークル活動の介護ボランティアです。2014年の4月に入会して、2017年の9月に引退しました。1年生のときは、大学近くの老人ホームにお邪魔して、入居者の方と一緒にお話をしたり、食事の介助を手伝ったりしました。2年生のときは、高齢者の皆さまに楽しんでもらおうと演奏会を計画しました。3年生のときは、より多くの人に介護ボランティアに親しんでもらおうと、行政と連携して、市民向けの介護体験イベントを企画しました。

B君

私が学生時代に最も力を入れたのはサークル活動の介護ボランティアです。私が介護ボランティアを通じて心がけたことは、一つひとつの所作をできる限り丁寧に行うことです。介護を受ける方々の多くは、「もっとこうしてほしい」という要望がありながらも、「介護を受けている」という意識があるため、本音を言いづらいです。そのような負担をかけないためにも、食事の配膳やイベントを開催したときなど、常日頃よりも笑顔で丁寧に接することで、皆さまに楽しんでもらえるよう心がけました。

A君の文章は3年間の活動の概要にとどまっていますが、B君は「介護ボランティアを通じて何を学んだか」に焦点をしぼっています。そのため、B君の自己PR文のほうがB君の人柄や考え、ボランティアに対する思いまで伝わってきます。

では、A君の文章はこれ以上改良できないのでしょうか？

そんなことはありません。A君の文章もポイントをしぼれば、魅力のある文章に変化します。

たとえば、現在は3年間の活動をただ並べているだけですが、そのうちの一つにスポットライトを当ててみたら、どう変わるでしょうか？

私が学生時代に最も力を入れたのはサークル活動の介護ボランティアです。中でも特に印象的だったのは、3年生のときに経験した市民向けの介護体験イベントの企画です。私は幼い頃から曾祖父や祖母と同居していたため、高齢者と一緒の生活に慣れ親しんでいました。しかしイベント開催を通じて、核家族化が進み、高齢者と触れ合う機会がほとんどない人が増えていることに驚きました。この経験を通じて、介護の技術を上げるだけでなく、若い人には高齢者とのコミュニケーションの取り方についても伝えていきたいと思いました。

いかがでしょうか？　毎年の活動内容をただ並べていただけの文章よりも、一つの出来事について深く掘り下げていったほうが、A君の育ってきた環境や考え方が見えてくると思いませんか？

さまざまな体験をすると、いろいろと書きたくなりますが、相手に「伝える」という意味では、**ポイントはこれ！　という一番の売りになる点にしぼったほうが得策**です。

相手に伝えたいことは何か？　まず考えてから、中心となるエピソードを選びましょう。

難解な言葉を使わず
説明できる。
それが文章のプロ。

堅い言葉をどう言い換える？　それが力の差

受け取った書類の冒頭に何やら難しそうな、意味のわからない単語がある、これだけで拒絶感を示す方も多くいます。

人は文章を読む際に、自分の〝メガネ〟に投影させて評価をする傾向があります。

メガネとは人の価値観ですが、せっかくなら多くの人に共通するメガネのほうが得策。

それだけ受け手の気持ちにミートしやすくなるからです。

自分で言うのは恥ずかしいのですが、私は難解なことをわかりやすく書く、つまり受け手が理解できるように書くことが得意です。

それはシンクタンクや政界に在籍していたとき、独特の言い回しを**「どう言い換えれば相手にちゃんと伝わるか」**を、常に考えていたからだと思います。

とくに議員秘書時代に、難解な役人の文章を平易にするトレーニングを積んでいたのは、今でも役に立っています。

ニュースを見ていてもわかりますが、政治家は、わかるようなわからないような独特の表現をします。

「虚心坦懐《きょしんたんかい》に」「遺憾《いかん》の意」「真摯《しんし》に受け止め」「諸般の事情に鑑《かんが》み」、あるいは最近流行の「忖度《そんたく》する」など、政界では一般にはあまり使わない言葉があたり前のように使われています。マスコミに説明したり、後援会に知らせたりする際には、その都度、わかりやすい言葉に置き換えなければなりません。次の文を読んでください。

例

本件を厳粛に受け止め保有する情報については積極的に国民へ供することとする。今後、ますます脅威が増大するであろうことを念頭におき、解決に向けた連携を図りながら、所要の対策を講じていく。

これを後援会の人々に向けて広報PR誌に書く場合、次のように修正します。

例

本件を厳しく受け止め、保有する情報は、積極的に国民の皆様へ開示します。今後、脅威が大きくなる可能性もあるので、対策については、その都度、対策を協議いたします。解決に向けて、各方面と密に連携を取り合う予定です。

専門用語やその業界では普通に使われている言葉は、慣れてしまうと正しい意味を理解せずに使ってしまったりします。

当時、私は日々一つひとつきちんと意味を確認しながら、独特の言い回しを平易な言葉に置き換えて、ノートに整理していました。このようなトレーニングは、次のステップであるシンクタンクやコンサルティング会社でもおおいに役に立ちました。

難しい言葉を使えば、知的に見える、しっかりした文章に見える、そのように思いこんでいた方、文章は相手の理解が得られなければ意味がありません。

言葉の魔術師のごとく自在に使いこなせるよう、言葉を言い換えるトレーニングをしてみませんか？

専門家は素人の言葉を調べよう

ある特定の分野の専門家が、自分の専門分野について他者に説明する場合、意外にうまくいかないことがあります。

なぜなら、その人の中ではあたり前のことになっており、一般の人がどこに疑問を感じているのか、何がわからないのか、気づけないからです。

経済の専門家や研究者が書いた文章が難解になるのはそのためです。

これは長く同じ業界にいる人も同じです。製造業には製造業の、ＩＴ業界にはＩＴ業界の言葉の使い方など、その業界特有の表現が少なからずあるはずです。

かつて私が在籍していた、外資系コンサルティング会社でも一般の人には聞きなれない横文字が飛びかっていました。

次の例を見てみてください。

例

上司「新年度から組織替えを行います。レイヤーはどのようになっていますか？」
部下「官公庁部門のクライテリアが不足しています。パフォーマンス・インプルーブが必要です」
上司「では担当をお願いします。インプリまで頼むね」
部下「人事制度はインクルードしますか」
上司「いや、組織替えをしたから、バスケットだけは入れ替えよう」
部下「では、今、素案をお見せします。いかがでしょうか？」
上司「ビジーで好感が持てない。各々のクルデンシャルを盛りこんでください」

ご紹介した例は会話文ですが、メールでも同じような言葉を使ってやりとりしていました。

社内でやりとりする場合は、これでも何も問題ありません。

しかし、この感覚を外部に持ちこむと危険です。いつどんな場合も、業界の言葉が通じるとは思わないこと。その感覚は、自分の世界を狭くするだけです。

では、そのような人が専門外の人に商品やサービスを説明する場合、どのような言葉を使えばいいのでしょうか。

まず、ターゲットに合わせて、**専門外の人にも通じる語彙（ボキャブラリー）を使うことです。**

たとえば、私が会社員時代には、ノートに一つひとつ書き留めていたように、幅広いテーマを書くようになった現在は読者層に合った本や雑誌、バラエティ番組やニュースをこまめにチェックし、一般に通じやすい言葉を探しています。

メモを片手にこれらのオープンな情報に目を通せば、伝えたいと思っている相手の嗜好《しこう》を推察でき、響く言葉を探しあてることができるのです。

たとえば、先ほどの例を翻訳すると次のようになります。

例

上司「新年度から組織替えを行います。部門と階層はどのようになっていますか？」
部下「官公庁部門の実績が不足しています。業績を改善させることが必要です」
上司「では君に担当をお願いしたい。プロジェクト遂行までお願いします」
部下「人事制度も刷新させますか」
上司「いや、組織替えをしたから必要ない。賃金テーブルは入れ替えよう」
部下「では、今、素案をお見せします。いかがでしょうか？」
上司「この素案は読みにくくて好感が持てないね。各部門の実績を盛りこむように」

人に何かを説明するとき、必要なのは**相手に理解してもらいたいという意識**です。

自分の常識、組織の常識が、社外の常識とは限りません。

ひとりよがりの表現になっていないか、わかりにくい言葉はないか、**専門用語を使うなら、必ずその意味を理解して、的確に翻訳できる能力を身につけておきましょう。**

そして、誰が見ても理解できる内容になっているかを読み返し、厳しくチェックしましょう。

職場での場合、自分で内容を見直すのはもちろん、チームでチェックしあうという協力体制も必要です。

また、どの言葉を使うのか、どの言葉がわかりやすいのか、調べるために有効なのが**検索エンジンを使うこと**です。

たとえば、男性シニア層の働き方について、マーケティングをし、レポートをまとめるとします。

「男性シニア　働き方」で検索すると、ワークシェア、ワークライフバランス、時間的ゆとり、のんびり働く、健康維持などの言葉が出てきます。

ここから、多くのシニアは「定年後は健康維持のため、のんびり働きたい。時間的ゆとりを重視しており、ワークシェアなどの制度の活用を考えている」ことがわかります。ここで大体書くべき内容が定まってきます。

同時に、このレポートをシニア層にも読んでもらいたい場合は、使う用語を選ぶなど、書き方にも気をつけます。

たとえば、「組織の時代から個人の時代へのパラダイムシフト」という内容を書くとしたら、シニアの方でも理解しやすいよう、「組織の時代から個人の時代への転換」といった具合に言葉を置き換える必要があります。

難しい文章には「伝えたい」という意識が欠落しています。どんな文章でも「わかってもらう」という配慮は絶対に必要です。

社内のレポート、報告書、企画書などについても、難しい言葉は要求されていません。求められていることは平易でわかりやすいことです。

どのような言葉で表現すればいいかわからない人は、既にある記事をいくつか読んで、書き方についても研究しましょう。

インターネット検索では、たいてい**1ページ目の最初に出てくる記事が最も多くの人に読まれています**。ということは、1ページ目の最初の記事の書き方を真似すれば、多くの人が理解しやすい記事になる可能性が高まりますね。

ただしその場合、注意してほしいことがあります。それは特にインターネット上にある記事の場合ですが、執筆の訓練を積んだライターが書いているとは限りませんし、しかるべき校正が入っているとも限りません。

よって、1ページ目の文章だけでなく、2ページ目、3ページ目の文章にも目を通すようにしましょう。

今はどのような言葉やキーワードが読み手に刺さるのか、趣味・嗜好などを簡単に調べることができます。検索エンジンを使えば、キーワードは出てきますし、さまざまな表現も見つかります。画像検索からイメージをふくらませるのもよいでしょう。

また、流行などは雑誌やテレビでの特集を見ればすぐにわかります。

専門外の人にも通じる語彙を日頃から増やしておき、いつどんな場合でも、**相手に響く言葉で書けるように準備**しておきましょう。

そのカタカナ語の意味、わかっていますか？

専門用語とともに、気になるのがカタカナ語の乱発です。

現代のメディアはカタカナ語があふれていますが、知っているようで実はよく知らない、聞いたことはあるけれど意味がわからないという言葉がたくさんあります。

たとえば、アーカイブ、アセスメント、イノベーション、ダイバーシティ、ガジェット、アサイン、エビデンス、イシュー、プライオリティ、コンプライアンスなど……。これらの意味を聞かれて、的確に答えられる人はどの位、いらっしゃるでしょうか。

時代をあらわすカタカナ語は雰囲気を出すこともできますが、文章に雰囲気は不要です。

まずは、使おうとするカタカナ語に対して読者に**どの程度〝共感認識〟があるか**を考えて用いるべきです。

前項でもお話ししたように、基本的に専門用語は専門の場所で使うべき、言葉はTPOによって使いわけるのが原則です。先ほどあげたカタカナ語をわかりやすく言い換えてみましたので、参考にしてください。

カタカナ語の言い換え例

- アイデンティティ　→　同一性、独自性
- アーカイブ　→　保存施設、保存記録
- アサイン　→　指令、任命
- アセスメント　→　事前評価
- イシュー　→　争点、問題点
- イノベーション　→　事業革新、技術革新
- エビデンス　→　根拠、証拠
- オーセンティック　→　本物、正真正銘
- カオス　→　混沌、無秩序

- ガジェット　→　小物、道具、仕掛け
- コンセンサス　→　意見の一致、合意
- コンセントレーション　→　集中、集結
- コンプライアンス　→　法令遵守
- スキーム　→　枠組みを持った計画
- スーパーバイザー　→　管理者、監督者
- センシティブ　→　敏感な注意を要する
- ダイバーシティ　→　多様な人材活用
- デフォルト　→　初期設定、債務不履行
- バイアス　→　偏り、偏見、傾向
- ファクター　→　要因、要素
- プライオリティ　→　優先順位
- ペルソナ　→　人、人格
- ユビキタス　→　遍在する
- リテラシー　→　教養のある、読み書きできる

漢字かひらがなか？
バランスも書き手のセンスの見せどころ

漢字にすべきか？　ひらがなにするか？　迷うときも多いと思います。

最近はあまり漢字を多用せず、ひらがな表記にすることも多くなりましたが、大事なのはバランスです。

文章をざっと見たときに、漢字が多すぎると堅さを感じて、読む気力が削がれてしまいますし、視覚的に威圧感を与えることもあります。

一方、ひらがなは読みやすいのですが、多すぎると逆に読みにくくなります。次の二つを比較してみてください。

漢字が多い

子供は比較、即ち〝優劣〟で人を判断します。足が速い遅いといったことから、勉強が出来る出来ない、背が高い低い、歌が上手い下手、更に貧富といった比較を通じて、自分より劣っていると思う者に対して、優越感を持ちます。

<<<

漢字の一部をひらがなに修正

子どもは比較、すなわち〝優劣〟で人を判断します。足が速い遅いといったことから、勉強ができるできない、背が高い低い、歌がうまいヘタ、さらに貧富といった比較を通じて、自分より劣っていると思う者に対して、優越感をもちます。

後半の文章のように、一部をひらがなにし、漢字とひらがなのバランスを考慮すると、圧倒的に読みやすくなります。また、ひらがなだけでなくカタカナも活用することで、表現を和らげる効果も期待できます。

そして、文章を書きあげたら、全体をよく見直し、途中でつまるところがないか、読みやすいバランスを考えるようにしてください。

また、文字の統一なども注意しましょう。

次ページに表記で迷いやすいものをあげますので、参考にしてください。

迷ったときは、見た目を重視！　バランス感覚を働かせて変換するようにしましょう。

漢字か？ ひらがなか？
表記で迷いやすいもの

時／とき	言う／いう
良い／よい	頃／ころ
所／ところ	行く／いく
分かる／わかる	頂く／いただく
更に／さらに	為に／ために
内に／うちに	既に／すでに
色々／いろいろ	様々／さまざま
暫く／しばらく	先ず／まず
益々／ますます	余程／よほど
私達／私たち	流石／さすが
下さい／ください	及び／および
若しくは／もしくは	

要注意！　うっかり使うと危ない慣用句！

慣用句とは2つ以上の単語が連結して、まったく異なる意味で定型句として使われるものです。

使いこなせれば文章の質もアップしますし、何より表現力も豊かになります。慣用句は、長い間使われてきた便利な言葉ですが、意味を間違えて使われている場合も多いので、注意が必要です。

ここでは、間違えやすい慣用句を紹介します。うっかり間違ったまま使うと、恥をかくことになるので、使い方には注意してください。

自信がない方は辞書を使うことをおすすめします。

間違えやすい慣用句

・**気が置けない**

気配りや遠慮を必要とする関係に使っている人がいますが、本来は、仲がよくて遠慮しなくてもいい関係に使います。

・**敷居が高い**

レベルが高くて分不相応な場合に用いるのは間違いです。本来は、後ろめたいことがあって、もう一度行くには抵抗がある場合に使います。

・**憮然《ぶぜん》とする**

腹を立てている顔つきをあらわす場合によく使われていますが、本来は失望、落胆してぼんやりしているさまをあらわします。

表記(言い方)を間違いやすい慣用句

×	○
間《ま》が持たない	間が持てない
足元をすくわれる	足をすくわれる
声をあらげる	声をあららげる
熱にうなされる	熱にうかされる
二の舞を踏む	二の舞を演ずる
采配《さいはい》を振るう	采配を振る
新規巻き返し	新規まき直し
押しも押されぬ	押しも押されもしない
舌づつみを打つ	舌つづみを打つ
はすに構える	しゃに構える
愛想をふりまく	愛嬌をふりまく

日本語は本来の意味が通用するとは限らない

誤った使い方をしているケースが多いのは慣用句だけではありません。日本語には微妙な表現が多く、使い方がとても難しいのです。

たとえば、「おざなり」と「なおざり」。

きちんと使えていますか？

混同して使っていませんか？

「おざなり」とは、いい加減な言動でその場を取り繕《つくろ》う様を言い、「なおざり」とは、いい加減に扱うことは同じなのですが、そのままの状態で放っておくことを言います。

また読み違いもよく耳にします。多いのが、「あり得る」。これを「ありえる」と読んでいませんか？　正しくは「ありうる」です。

以降に、使い間違いが多い言葉をあげてみました。

間違えやすい表現

・役不足

能力が足りないという意味で使用する人が多いのですが、正しくは、役目が軽すぎることをあらわします。

・煮詰まる

「成果が出ず、煮詰まった状態」など、追いつめられた状況で使われがちですが、本来は、議論や考えが出尽くして結論の出る状態になること。結論が出る寸前に用いるのが正解です。

・失笑

あきれるような場面に、「失笑を買う」と使うのは間違い。本来は、思わず笑い出してしまったという意味です。

・破天荒《はてんこう》

無茶苦茶なことや常識外のことをあらわす際に使われがちですが、本来は「今までできなかったことを成し遂《と》げること」をあらわします。本来はほめ言葉です。

・潮時

「もう潮時だ」などと限界が迫っているときに使いがちですが、本来は一番いい時期をさす言葉です。

・（◯◯の）さわり

最初の部分、冒頭だけと思われがちですが、本来は話の盛り上がりポイント、要点や最も印象に残るところをさします。

・姑息《こそく》

卑怯だという意味で使うのは間違いです。本来は、その場しのぎの対応をすることを意味します。

・敷居が高い

「上品な所で行きにくい」という意味で使うのは間違いです。正解は、「相手に不義理があり近寄りたくない」ことをあらわします。

いかがですか？　みなさんは正しく使えているでしょうか？

ここで気になることがあります。

本来の意味を知って、正しく使っていても、間違った意味が常識として通用している場合はどうでしょうか？

正しい使い方をしているのに、「間違っている」と思われてしまうかもしれません。

たとえば、「適当」という言葉。本来は「きっちり当てはまる」という意味ですが、今では「いい加減」という正反対の意味に使われる場合がほとんどです。

ほかには「鳥瞰《ちょうかん》」と「俯瞰《ふかん》」があります。どちらも高いところから見下ろすという意味ですが、見る対象が2D（平面描写・バードビュー）であれば「鳥瞰」、3D（立体描写・クォータービュー）の場合は「俯瞰」を使います。

ですから、会社の組織図、建物の見取り図など平面で表現できるものを見る場合は、「鳥瞰する」が正しく、「俯瞰する」は本来の意味ではありません。

でも、平面のものを見る場合でも、鳥瞰ではなく俯瞰を使っている場合がほとんどです。

「適当」に代表されるように、本来の意味とは違っているけれど、世の中で広く使われている場合は、もはや言葉の意味が変化していると言ってもいいかもしれません。

ただ、「正しさ」に固執しすぎるのもスマートさに欠けますね。

間違えているとわかっていて、あえて使う必要はないのですが、こういう場合、私ならその言葉を使わず、別の言い方を考えます。

大事なのは、**本来の意味をきちんと知っておくこと**、そして、世間ではどう使われているかを把握し、**使い方にバランス感覚を発揮すること**です。

鍵は文末にあり！
文末変化で
イメージは
ガラリと変わる！

文末表現の2パターンを自在に操る！

文章の印象は、語尾の使い方次第で大きく変わります。

「だ・である調」は重みがあり断定的、「です・ます調」はやわらかい印象を与えます。

「だ・である調」の名文といえば、これです。夏目漱石の処女作『吾輩は猫である』の冒頭を見てみましょう。

原文

吾輩は猫である。名前はまだ無い。

どこで生れたかとんと見当がつかぬ。何でも薄暗いじめじめした所でニャーニャー泣いていた事だけは記憶している。吾輩はここで始めて人間というものを見た。

しかもあとで聞くとそれは書生という人間中で一番獰悪《どうあく》な種族であったそうだ。
この書生というのは時々我々を捕えて煮て食うという話である。

これを、「です・ます調」に置き換えるとどうなるでしょうか。

です・ます調

私は猫です。名前はまだありません。
どこで生れたかも全く見当がつきません。何でも薄暗いじめじめした所でニャーニャー泣いていた事だけは記憶しています。私はここで初めて人間というものを見ました。しかもあとで聞くところによると、それは書生という人間中で一番獰《どう》悪《あく》な種族だったそうです。この書生というのは時々私たちを捕えて煮て食べてしまうという話であります。

「だ・である調」に比べて、猫が話すという面白みや滑稽《こっけい》さは欠けてしまいました。

一般的には、レポート類、論文、記録文などは、「だ・である調」がよく使われます。事実を端的にまとめ、意見を主張する必要性があるためです。ただし、トーンが強くなりがちで、堅苦しい印象を与えることがあります。よって、記事内容によってこの2つを使いわけましょう。

ただ気をつけてほしいことがあります。それは、**「です・ます調」と「だ・である調」が混在しないこと！** どちらかに統一しましょう。

私の場合、通常は「だ・である調」が多いのですが、読みやすさを意識して、媒体によって書きわけるなど工夫しています。

語尾を変化させて、リズムをつけよう

前項で2つの語尾についてお話ししましたが、ここでも注意点があります。それは、たとえどちらの文末表現に統一したとしても、同じ語尾が続くと、平坦な文章になり、稚拙な印象を与えるということです。次ページの例文を読み比べてください。

語尾が同じ場合

XYZ航空は、安全運行に対する姿勢について以前から批判を受けています。航空整備士が不足し、整備ミスが相次いだことから、社長は国会に参考人招致されています。

多くの人命を預かる航空会社としては不適切ではないかと問題視されています。安全面よりも利益を重視する考え方が、当時から顕在化しています。

<<<

語尾に変化をつけた場合

XYZ航空は、安全運行に対する姿勢について以前から批判を受けていました。航空整備士が不足し、整備ミスが相次いだことから、社長は国会に参考人招致されています。

多くの人命を預かる航空会社としては不適切ではないかと問題視され、安全面よりも利益を重視する考え方が、当時から顕在化していたことがわかりました。

後半の例からもわかるように、**同じ語尾を連続させないことで、文章にメリハリをつけることができます。**

「です・ます調」であれば、「でしょう」、「ます」などに、「だ・である調」であれば、「なのだ」「思う」などに置き換えるなど工夫しましょう。

たかが語尾ですが、その語尾次第で文章全体の印象が決まるということを覚えておいてください。

これだけで文章のクオリティーはぐっとアップします。

自信を持って断定しよう

何かをすすめたい、強く主張したい、文章を通して読み手に意見を投げかけるときは、読み手が「なるほど！」と納得することも大事です。

そのためには、断定して言いきるのも一つの方法です。断定することで、その内容に自信を持っていることが相手に伝わりますし、力強さも出せます。次の例文を見てください。

例

①商品サンプルを配布するなら、このエリアはいいと思います。

②商品サンプルを配布するなら、このエリアにすべきです。

①の「いいと思います」よりも、②の「すべきです」といった言いきり型にするこ

とで、サンプル配布にはこのエリアが適しているという気持ちが強く出てきます。「すべきである」という語尾にすると、さらに強さが発揮されますね。

意見を述べる場合、「～と思います」という表現をよく使いますが、これは使い方によっては、自信がないように伝わってしまいます。

たとえば次の例を見てください。

例

人は、誰もが物事を都合のよいように考えてしまうものだと思います。仕事にしても、うまくいかなくなれば周囲のせいにしたくなります。わかりやすく表現すると、「うまくいったら自分のおかげ、失敗したらまわりの責任」ということになるのでしょうか。

いかがですか？　やはりどことなく自信のなさを感じませんか？

では、これを変換させてみましょう。

例

人は、誰もが物事を都合のよいように考えてしまうものです。仕事にしても、うまくいかなくなれば周囲のせいにしたくなる。わかりやすく表現すると、「うまくいったら自分のおかげ、失敗したらまわりの責任」ということになるのです。

内容は同じですが、受け取り方は180度変わるのではないでしょうか？

言いきることはなかなか難しいことです。自分の意見に自信を持ち、批判や意見を真摯に受けとめるという覚悟が必要だからです。

ただし、意見を書くからには、「こう言って大丈夫かな」「何か言われるかも……」という不安をあらわさないこと！

批判が怖いと思いながら書いた文章は、読み手に伝わりますし、たとえいい内容であっても心に刺さりません。**表現が曖昧になり、何を言いたいのか、論点がはっきりしない**からです。

日本人は遠まわしな言い方を好む傾向があります。「生意気」「上から目線」という印象を与えたくないという気持ちがあるのでしょう。

でも、**謙虚さと曖昧さを混同してはいけません**。遠まわしな言い方や謙虚さを否定するわけではありませんが、特に企画書や報告書などのビジネス文書において曖昧な表現を用いると、相手には何も伝わらないどころか誤解を招く一因にも……。

自分の伝えたいことよりも、「いい感じに思ってもらいたい」という気持ちが先行してはダメ！

自分が本当に伝えたいメッセージを断言する。そのために、論点を整理し、文章を補ってくれるような、説得力のあるデータを探すわけです。

この作業を手抜きせず行えば、読む相手が自然に惹きつけられ、納得できる言いきりの文章が書けるはず。伝聞型に逃げず、徹底的に準備して、自分の文章に自信と確信の持てる文章を目指してください。

最低限の文法で、相手の理解度はより加速する！

たった1語で伝わり方は大違い！

日本語はとても複雑なもので、ちょっとした言い方、表現の仕方でニュアンスが大きく変わってきます。

そのためにも大事なのが**基本的な文法の使い方**。これがわかっていなければ、時に誤解を招くことも……。

「今さら」と思われるかもしれませんが、やっぱり基本的な文法は大事！　無意識に使いがちですが大事な文章の基本を改めて見直してみましょう。まず最低限、意識しないといけないことがあります。

それは、**「て・に・を・は」の使い方**です。

「て・に・を・は」とは、助詞の古い呼び方です。「は」「が」「も」「を」「に」など語句と語句をつなげて、前後の関係をあらわしたり、一定の意味を加えたりする付属語ですが、使い方を間違えると、文章のニュアンスが変わってきます。

よくある例を見てみましょう。

例

①居酒屋に入った。「ビールがいいです」。

②居酒屋に入った。「ビールでいいです」。

①は、「ビールがいいんだ」という意思を感じます。②だと、とくに意思は感じられず、「何でもいいけど、とりあえずビールでいいです」という消極的な印象です。

「が」と「で」の違いだけですが、ずいぶん印象が変わりますね。

もう一つ、わかりにくいのが、「が」と「は」の使いわけです。

例

①散歩が好きです。

②散歩は好きです。

①は「散歩」が際立ち、②だと複数あるものの一つとして、「散歩が好き」というニュアンスになります。

もう一つ、見てみましょう。

例
①総務部の田中課長がカッコいい。
②総務部の田中課長はカッコいい。

①だと、田中課長が目立つ印象ですが、②は今ひとつ、何を強調したいのか、曖昧な印象を持ちませんか？

この例は、前後にひと言入っていると、その違いがよくわかります。

例
ランチ中の女性社員に聞きました。社内で人気があるのは？
①そうですね。「総務部の田中課長がカッコいい」と思います。
②そうですね。「総務部の田中課長はカッコいい」と思います。

①はより明確に田中課長に焦点が当たり、②は、「強いてあげるなら、田中課長かな」という控えめな空気を感じます。

これらのように、「が」という助詞を使うと、より強く感情を伝えることができます。たった一語で大きく変わる、ということを覚えておきましょう。

形容詞は、置き場所で効果が変わる！

高いけれど、とてもおいしい店があるとします。あなたがその店をおすすめしたい場合、一文でどう書きますか？

ポイントは**形容詞の置き方**です！　形容詞は**置く場所によって大きく意味が変わります**。よって、この場合のポイントは「高い」と「うまい」の置き場所にあります。

次の2つの文を見てください。

例
①あの店は高いが、うまい。
②あの店はうまいが、高い。

使っている語句は同じですが、①と②ではずいぶん印象が違いますね。

①は「うまい」が強調されています。「高いけれど、おいしいからおすすめ」という意思が感じられます。

②は「高い」という意識が目立ちます。「高いから入るのをやめたほうがいい」というマイナスのイメージです。

おいしい店ということで紹介するときは、だんぜん①が効果的ですね。②のように「高い」で終わると、店の味よりも値段が際立ち、お店をすすめることになりません。

「おいしい」と伝えたいのか、「高い」と伝えたいのか、**何を伝えたいのかによって、形容詞の置き場所が変わってくる**のです。

もう一つ、形容詞を使って何を形容するのかもきちんと考えないといけません。

次の例文を見てください。

例

①美しい佐藤さんの家です。

②佐藤さんの美しい家です。

①は佐藤さん自身が美しい、②の場合は家が美しいと理解できますね。
ちょっとしたことですが、急いで書くと無意識のうちに形容詞の位置を間違えてしまうことがあります。

基本的なことではありますが、形容詞の置き場所を変えると、例文で見たように伝えたいポイントが変わります。

これは会話文でも同じです。相手をほめたいと思って言ったひと言でも、形容詞を間違えることで、せっかくのあなたの気持ちが相手に伝わらないこともあります。

伝えたいポイントは何か、形容詞を使って強調したいのはどの言葉か、常に考えて書くようにしましょう。

多用してはいけない○○詞

名詞を修飾する形容詞は、便利な言葉ですが、使い方によっては意味がわかるようなわからないような、ぼんやりした文になることもあります。たとえば次のような文です。

例
①私の上司はよい人です。
②風通しのよい組織です。

人材採用のホームページや会社説明のパンフレットなどで見かける例ですが、このような文に、読む相手を惹きつける魅力はあるでしょうか？

学生からすると、「よい上司です」、「風通しのよい会社です」と言われても、何がよいのか、どんなふうに風通しがよいのか、まったくイメージできません。

検証する材料やリアリティがないので、エントリーにもつながらないでしょう。

ではこの場合、何を使うべきでしょうか。

有効なのは**具体的な数値**です。たとえば、「年間有給消化率80％」「高校卒の管理職比率が60％」「賞与平均は月給10カ月分」などの、事実を数値化して、それを根拠に魅力的な会社だとアピールするのです。魅力的な根拠を提示し、具体的にイメージさせることができれば、応募者の心を動かすことができます。

この手法はさまざまなケースで使えます。

たとえば、「暑い」「うれしい」「楽しい」。これもそのまま使ったのでは、芸がありません。意味としては通じますが、どこか稚拙な感じを与えてしまいます。

この場合は、形容詞だけではなく、どういう理由でうれしいのか、どう楽しいのかを数字や慣用句を使って言いあらわすのです。

それだけで文章に厚みが出ますし、表現も豊かになります。

例

- 今日は暑い。
→今日は蒸し風呂のような暑さだ。
→今日は気温35度を超え、まるで蒸し風呂のようだ。
- 会えてうれしいです。
→2年ぶりに会えるなんて、昨夜は楽しみで寝つけませんでした。
→今年になって一番と思えるほど楽しい時間でした。

どうですか？　ほんの少し、言葉を加えるだけで、味気ない文も具体的でイメージしやすい表現に変わりますね。

ただ、避けてほしいのが**副詞の乱発**です。

副詞は形容詞と同じく、用言を修飾する言葉です。形容詞が主に名詞を修飾するのに対して、副詞は形容詞や動詞を修飾します。

まずは、どんな副詞があるのか、見てみましょう。

動作、作用がどのような状態、様子かをあらわすもの

しばらく　ゆっくり　すぐ　ふと　いきなり　ときどき　しっかり

物ごとの程度をあらわすもの

とても　かなり　少し　もっと　ずいぶん　はなはだ

この他にも、推量をあらわす「おそらく」「たぶん」、仮定をあらわす「もし」「たとえ」、たとえをあらわす「まるで」「ちょうど」などがあります。

さまざまなシーンに使える副詞ですが、多用すると逆に曖昧な印象を与え、新鮮味がなくなります。

例

ここでしばらく待っていると、ずいぶん経ったころでしょうか。彼らがゆっくりとやって来ました。ちょうど暗くなってきたころだと思います。あまりにゆっくりだったので、私はめっきり不安になりました。

ここまで乱発すると、逆に怪しい文章になってしまいます。修正してみましょう。

例

ここでしばらく待っていると、30分以上経ったころでしょうか。彼らはやって来ました。遅刻をまったく気にしていない様子で、のろのろと話しながらやって来るのです。時間はもう夕方近くで、暗くなってきたころです。私はどうなることかと、不安になりました。

このように数字を入れたり、情景を具体的に描写したりすることで、シーンを思い描くことができます。

形容詞、副詞は多用せず、効果的に使うことで力を発揮すると覚えておきましょう。

「接続詞」の入れ方で劇的チェンジ！

次は「接続詞」の使い方について説明します。先ほどの「あの店は高いが、うまい」という文例に、接続詞をかさねるとさらに目的が明確になります。

接続詞とは、**語句や文をつなげるために使う言葉**のこと。「しかし」、「だから」、「そのため」、「そこで」、「したがって」、「すると」などたくさんあります。

接続詞は、つながっている**2つの語句の〝関係を示す〟**という大事な役割を持ち、使い方によって文の意味合いが変わってきます。

例

①あの店は高いが、しかし、うまい。
②あの店はうまいが、しかし、高い。

「しかし」、という接続詞は内容を転換させるときに使います。日本語では「しかし」の後には、前の語句を否定して自らの主張を書くことが多いです。

①の場合は、「うまい」ことが主張になり、②の場合は「高い」ことが主張になります。②だと高いことが強調されて、「高いのですすめられない」という意味合いが含まれてしまいます。

今度は接続詞を変えてみましょう。

例

あの店はうまい。ただし、高い。

この文章は、「高い」ことがメインになってはいますが、「やめたほうがいい」という強い否定の意思は感じられません。

「高いがやむを得ない」という曖昧な意思にも読み取れますが、少なくとも断定している文章ではありません。

「ただし」は補足の役割を果たしています。補足なので、メインとして伝えたいことは、「あの店はうまい」という点にあります。わかりやすく言い換えると、「値段は高いけど、それでもよければ行ってみる？」という感じでしょうか。

人によっては「補足」された情報を重視して「入るのをやめる」人もいるでしょうし、「高いけど行きたい」と感じる場合もあるでしょう。

「ただし」という補足は、受け取る側に決定をゆだねる緩やかな〝のりしろ〟があるといえます。

このように、**接続詞によって文章の効果は大きく変わってきます。**

つまり、伝えたいこと、強調したい点にあわせてより効果的な接続詞を使うことで、文章のセンスが格段にアップするのです。

どれほど変わるか、（　）にさまざまな接続詞を入れてみてください。

例

今日は日曜日。（　）家の掃除をしよう。

（　）に、「だから」を入れると、「掃除をするのは当然」という意味になります。「しかし」を入れると、「やりたくないけど、仕方ないから掃除しようか」という逆接の意味になります。「さて」を入れると、「自分の気持ちに気合をいれて掃除をする」という効果が生まれてきます。

接続詞は便利ですが、使い方によって文章の意味がまったく変わってきます。主な役割を次ページ以降にまとめたので、参考にし、文章をより効果的に見せる接続詞を選んでください。

主な接続詞

並列：前の語句に続けて、次の事柄を並べる場合に使う
また　ならびに　かつ　および

順接：前の語句が原因または理由、後ろの語句が結果をあらわす
だから　したがって　そこで　それで　それなら　そのため　すると　だとすると
それゆえに　その結果

逆接：前の語句が示すこととは、逆の結果になる場合に使う
しかし　が　だが　だけど　けれど　ところが　ですが　なのに　それなのに
にもかかわらず　でも　それでも　とはいうものの　とはいえ

添加：前の語句につけ加える場合に使う
そして　それから　しかも　その上　加えて　それどころか　おまけに　それに
また

対比：前後の語句を比べる場合に使う

一方　反対に　逆に　反面　むしろ

選択：前後で選択する場合に使う

あるいは　または　それとも　もしくは

説明：前の語句に説明を加える場合に使う

なぜなら　というのは

補足：前の語句に補足する場合に使う

ただし　なお　ちなみに　もっとも

言い換え：前の語句を言い変える場合に使う

要するに　すなわち　つまり　言わば

転換：話題や状況を変える場合に使う

ところで　それでは　では　さて　そういえば　それはさておき　次に　ときに

それはそうと

効果的な読点で読みやすさUP！

特に長い文章の場合、相手に誤解されることなく、スムーズに読ませるために必要になるのが、読点です。

読点は文章を区切るもの、ということは小学生でも知っていますが、打ち方については明確なルールはありません。しかし、その打ち方で、文章の読みやすさは大きく変わってきます。

具体例で見てみましょう。同じ文章で、読点の打ち方を変えました。

例

①読点が1つ

バブル絶頂期の1989年12月29日、日経平均株価は終値で3万8915円を記録し誰もが1990年以降の拡大を疑いませんでした。

②読点が2つ

バブル絶頂期の1989年12月29日、日経平均株価は終値で3万8915円を記録し、誰もが1990年以降の拡大を疑いませんでした。

③読点が3つ以上

バブル絶頂期の1989年12月29日、日経平均株価は、終値で3万8915円を記録し、誰もが、1990年以降の拡大を疑いませんでした。

どれが読みやすかったでしょうか？

①は一気に読ませたい場合に効果的です。②は文意も明瞭で、心地よいリズムにな

っていますね。③は読点が多すぎて、リズムも悪く、バラついて見えます。

読点の役割は**読み違いを防ぎ、理解を早める手助けをすること**。打ちすぎると流れが悪くなり、読みにくく、うっとうしくなるので、わかりやすさと読みやすさの両方から考えるべきです。

また、読点の打ち方で、文章の意味が変わることがあります。

例

①妻は、嬉しそうに笑う彼を見つめた。
②妻は嬉しそうに、笑う彼を見つめた。

①では、嬉しそうに笑っているのは彼です。②では、笑っている彼を妻が嬉しそうに見つめている風景になります。

簡単なことですが、読点の打ち方で主体が変わってくるので注意しましょう。

読点の打ち方 主なポイント

①主語の後に打つ
彼女は、駅前にあるベーカリーで働いている。

②接続詞(そして、しかし、また、など)の後に打つ
そして、兄は出発した。

③接続助詞(が、ば、ので、で、けれど、し、など)の後に打つ
薬を飲んだが、よくならなかった。

④独立語(ああ、はい、もしもし、など)の後に打つ
はい、こちらから連絡します。

⑤時や場面が変わるところに打つ
彼が帰宅したとき、家には誰もいなかった。

⑥同じ役割の動詞や形容詞が続くときに打つ

静かで、明るい別荘ですね。

⑦「　」の代わりに打つ

きっと帰ってくる、と彼は言った。

⑧ひらがなや漢字が続いて読みにくくなる場合に打つ

そろそろ、そうじをしよう。

間違いやすい「重ね言葉」

近年、「重ね言葉」を使っている人が多くて気になります。

たとえば、手紙で「お体をご自愛ください」と書いている方も多いようですが、これは間違いです。「ご自愛」とは、自分自身の体を大切にすることを呼びかける表現なので、「お体」の後に続けると、繰り返しの「重ね言葉」になります。

よって「ご自愛ください」、これだけで十分なのです。

その他にも、「今の現状を述べると」、「返事を返す」、などの言葉を使っている方を多く見受けます。もちろんこれも間違いです。

現状という言葉にはすでに「今」という意味がありますので、「今の」という語は不要、そして返事を返す、についても返事の中に返すという意味がすでにありますので、これも返事をするだけで十分なのです。

以下もありがちな「重ね言葉」です。うっかり使わないよう注意してください。

・あとで後悔する

後悔は先にはできません。必ず後にするものなので、「後悔する」のみで構いません。

・一番最後に持ってくる

最後には「物事のいちばん後、または後ろ」という意味があります。一番が不要です。

・違和感を感じる

違和感とは「心理的にしっくりこない感覚、不自然なさま」という意味です。違和感の後に言葉をつなげるなら、「違和感を覚える」が正しい使い方になります。

気をつけたい 重ね言葉

- 馬から落馬する ≫ 落馬する
- 内定が決まる ≫ 内定する
- 過半数を超える ≫ 過半数を占める
- 元日の朝 ≫ 元旦に
- 色が変色する ≫ 変色する
- 日を追うごとに ≫ 日を追って、日ごとに
- 日本に来日 ≫ 来日
- はっきり断言する ≫ 断言する
- すべてを一任する ≫ 一任する
- 捺印を押す ≫ 捺印する
- 炎天下のもと ≫ 炎天下／炎天のもと
- 収入が入った ≫ 収入があった

スゴ文を書く一極意5

心をつかむ「フック」に
全力を傾けろ！

文章で最も大事な「フック」

人前で話をするときなども同様ですが、文章でも読み手の心をつかむためには、つかみ、つまり**文章のはじめに置くフックが大事**です。

導入部分にフックとなる、「あれ？」「何だろう、これは」と思えるような事実や数字を入れることで読み手を誘い、次の一文へと誘導します。

読むべき情報があふれている今の時代、はじめの数行で読み手の心にフックがかからないと読んでもらえません。フックで相手の心をつかみ、心を刺激することが重要なのです。

私はさまざまなサイトで記事を執筆していますが、その際、必ずタイトル、および冒頭に、フックがかかるポイントを用意します。

これまで反響のあった記事の見出しをいくつかあげてみましょう。

- シュークリームはダイエット食である
- 上司の言葉の暴力を〝バラ色〟にかえて乗り切る方法
- 「的を得ない」「的を射ない」正しいのはどちらなのか
- 「1分の遅刻」はいくらの損失なのか!?
- 無地とチェック。デキる人のワイシャツはどっちか?

いかがでしょうか? どの記事も非常に多くの方に読んでいただきました。

シュークリームとダイエット、暴力をバラ色に、など意外なキーワードの組み合わせや、普段の行動に関するドキッとする提案など、見出しだけで記事へと誘導するようフックをかけていきます。

ただし、フックが大事といっても、それればかりに意識が向くと、過剰な書き方になったり、内容がともなわない文章になってしまうので注意してください。

また、フックをかける際には**全体のストーリーと最後のオチ（締めの言葉）をイメージしておく**必要もあります。

記事全体で何を言いたいのか、何を主張したいのかをはっきりさせないと、表現だけに走ってしまうからです。

フックをかけることは、何も特別なことではありません。企画書でもプレゼン資料でも必要なことです。

さまざまな商品やサービスがあふれている時代、相手に「お！」と思わせる何か、時間やお金の削減、幸福感などのメリットを感じさせる言葉、つまりフックがないと話を聞いてもらうこともできません。

まず**フックで相手の心をがっちりとつかむ**。そして相手が読み終えた後、「そういうことだったのか！」と納得してもらう。

それが相手の心を刺激し、行動へと促すことのできる文章を書く秘訣です。

一瞬で相手の心をつかむテクニック

テーマや媒体にもよりますが、特にブログやSNSなどの場合、読者はたいてい、斜め読みで多くの記事に目を通します。

人気作家の文章ならともかく、一言一句残さずに吸収しようとする読者はまずいません。日々忙しく時間のない読者が読むのは、通勤途中や昼休みなど、すき間時間に限定されているからです。

そんな読者に対して、「時間をかけて書いたのだから、じっくり読んでください」などと命令することはできません。**読むかどうかを決めるのはつねに読者である**ということを、改めて肝に銘じておいてください。

そして、今や多くの記事、読むべきものが私たちのまわりには存在します。読み手は読み始める前に自分のまわりにある好きなコンテンツを選びます。

では、この「選ぶ」段階で興味を持ってもらうにはどうすればよいのか。それはズバリ、タイトルです。

ここでは、タイトルのつけ方として効果的な4つの手法を紹介します。

手法1　勢いを感じさせる

次は、私が投稿し、アクセスのよかった記事のタイトルです。

「食べていると確実に死に近づく食べ物」


本記事では、別名「サイレントキラー（静かな殺し屋）」と呼ばれている歯周病の危険性を紹介し、歯周病によくない食べ物やメカニズムを紹介しました。

歯周病は放っておくと死を招く病にもつながる恐ろしい病気です。その恐怖を学会のエビデンスを裏づけにして述べました。

結果、この記事は転載先のYAHOO！ニュースで読まれ、アクセスランキングは総合1位を記録。数日で約300万PV（累計1000万PV）を獲得しました。

これがもし、「歯科医に聞く、歯周病にかからない方法」という地味なタイトルだったら、これほどのPVを獲得しなかったと思います。

このように、タイトルには読者がはっとする勢いのある言葉が求められるのです。

手法2　みんなが大好きな言葉を挿入する

効果があらわれやすいテクニックとして、興味を惹く魅力的な言葉、または人気のキーワードをタイトルや見出しに挿入する方法があります。

たとえば、

「オムライスの作り方」

と

「誰でもできる超簡単なオムライスの作り方」

でしたら、どちらの記事を読んでみたいと思いますか？　ほとんどの人は後者を選ぶのではないでしょうか。

これは「誰でもできる」、「超簡単」という多くの人が興味を惹くキーワードがタイトルに含まれているからです。同じように、興味、関心を惹きやすいキーワードとして、

「無料」

「特典付き」

「失敗しない」

なども挙げられます。

しかし、だからといって、このような言葉をどの文章のタイトルにも挿入するのは安直な考えでしょう。

読者に飽きられないためにも、同じような意味を別の言葉で言い換えられるような工夫をしましょう。

たとえば、「簡単」という言葉の場合、

「小学生でもできる」

「初心者でも迷わない」

「1分で完成」

などといった言葉に置き換えられます。

このようにわかりやすく、人々が惹きつけられるキーワードを用いることで、読者は「読んでみよう」という気になります。

手法3　マジックナンバーを使う

次のケースは、タイトルに数字を盛りこむ方法です。

例

「酒好きサラリーマンが教える酒場・東京編」

このタイトルでも悪くないのですが、次のようなタイトルはどうでしょうか。

- 「酒好きサラリーマンが教えるトレンド酒場・東京23区編」
- 「年間300日呑む！　酒好きサラリーマンが通う東京酒場マップ」

23区、300日という数字を入れることで、実用性を加え、説得力を強化しました。300日呑んでいる人は、どんな店を推すのか、気になりますよね。

他にも、「実現するために必要なたった1つの情報」「成功するための3つのポイント」、このようなタイトルもヒットしやすいと思います。

とくに**「3」という数字はマジックナンバー**です。

世界有数のコンサルティング会社、マッキンゼー・アンド・カンパニーでは、問題提示、解決の手法などあらゆる事柄が3つ揃いで提示されるのは有名な話。

「理由は3つあります」、「大切なことは3つです」、「お伝えしたいことは3点です」、などはセミナーやプレゼン、スピーチでもよく使われる言い方で、アップル社創設者の一人、スティーブ・ジョブズも3つの法則を実行していました。

古くはあのシーザーも「来た、見た、勝った」と3言の手紙を残していますし、元アメリカ大統領リンカーンの有名な演説でも「人民の人民による人民のための政治」というように3つの言葉がキーワードになっています。

「3」は人を惹きつける数字だと覚えておきましょう。

ただし、どうしても3つにしぼることができない、という場合もあると思います。そんなときは覚えやすいよう、内容をある程度の「かたまり」にし、そのかたまりを7つまでにしぼるようにしましょう。

アメリカの心理学者、ジョージ・ミラー教授は、人間の脳は一度に7つプラス・マイナス2を記憶できるという「マジカルナンバー7」を発見しました。

これは一度聞いただけの内容をどれだけ記憶できるかを調べたものですが、ミラー教授は、人はこのかたまりを7個（個人差によりプラスマイナス2）しか覚えられないといっています。


数字を使うことは、文章にわかりやすさを与え、読み手の記憶にも残すことのできる技法です。状況に応じて効果的に使いこなしていきましょう。

手法4　人々の関心が高い話題を用いる

最後にもう一つ。

2016年11月に執筆した記事で、タイトルは、「電車内で化粧をしてはいけない？公私混同を理解できない不思議」。

当時は、仏教の教えなどからわかりやすくマナー向上を説いた、ある私鉄の広告がインターネット上で議論を巻き起こしていました。

記事はその時事問題にミートし、タイトルは「公私混同の不思議」として、独自の見解を反映させました。

以降はその記事です。公私混同という問題をシンプルかつ簡潔に述べました。

例

公私の区別がつかないことを〝公私混同〟という。電車の中は公共の場であり、ものを食べると公において私事をやっていることになる。これは恥ずべきことである。

ついでに言えば、若い女性が電車の中で睨《にら》めっこしながら、熱心に化粧をする姿をよく見かける。これがみっともないのは、化粧という〝舞台裏〟を見せることに恥じらいがないことと公の場において私事をしているからである。

なぜ駅のトイレを「化粧室」と称するのか？　そのことを考えてもらいたい。それぞれの場所には、守らなければならないことがある。公私に関する問題は非常に大切なので、そのことを理解しなければいけない。


この記事もＹＡＨＯＯ！ニュースでアクセスランキング1位を獲得しました。

このように人々が日ごろから疑問に思っていることや、話題になっているニュースや記事などに一石を投じると、多くの人々の興味をかき立てることができます。

また、話題となっていることが、自社の商品やサービスとリンクできないか、そういう視点を持つことは、ビジネスパーソンとしての能力もアップすることに繋がります。

「お、そうなのか！」知の発見が次につながる

何か新しいものやサービスを読み手に提供する場合の文章において大事なこと、それはワクワク感もありますが、ズバリ、**メリットを感じること**です。メリットとは、「こういう意味があったのか」「こんな狙いがあったのか」などの、新発見が得られるもの、もしくはおもしろみでもあります。

本書を手にされた方には、そんなふうに、読んでくれる相手に読むだけの〝価値〟を与える文章を目指してほしいのです。

会社のWEB上である人物を紹介するとしましょう。歴史上の人物ならともかく、取引先の社長や業界で話題の人など、一般にはよく知られていない人物について書くケースも多々あります。

たとえば、冴《さ》えないスーツに眼鏡、しかめっ面《つら》をしている写真に履歴書のような堅い紹介文が添えられているとどうでしょうか。

たいていの読者はまずビジュアルに目がいき、「この人は堅そう」「とっつきにくそう」などマイナスのイメージを抱くと思います。こんな場合こそ、執筆者の腕の見せどころです。読者が抱いたイメージを、文章で〝肯定的に裏切る〟ことによって、思わぬ興味を惹くことができます。

たとえば、「業界をリードする社長の破天荒な過去」というフレーズが、見出しや導入文にあったらどうでしょうか。その後に、次のようなキャプション（写真の説明文）を入れるとさらに効果的です。

> 「今では偉そうに3000人の社員を率いていますが、中学、高校時代はやんちゃでした。地元の警察に補導されたのも一度や二度じゃありません」と、社長。「実は生まれたときは超未熟児でした。両親は『覚悟をしてくれ』とまで言われたとか。まさか高校野球で甲子園に出るなんて思いませんでした」と笑う社長。

ビジュアルとのギャップで記事は自然と盛り上がります。そして、読み手には「このしかめっ面の社長にそんな生い立ちがあったのか」「意外と破天荒な人生を歩んできたんだ」と思ってもらえるはずです。

「世の中にそんな人がいるのか」「おもしろい！」と、驚きをもって読んでもらえたら成功！　恐らく「この人物を知りたい！」と、記事も読んでもらえるはずです。

読み手は、何か一つでも発見があれば、次の一行へと読み進んでくれます。**〝肯定的に読み手を裏切る〟**情報を盛りこむことで、文章が広がり、読み手に満足感を与え、それが行動へとつながっていくのです。

人物、商品、サービス……ギャップがあるほど読者は惹きつけられます。

そのためには、**読者が何を喜ぶのか、どんなことがあたり前で、どんなことなら発見になるのか**、ターゲットについて深く知ることが大事です。

文章は読み手のためにあるもの。読んでくれる人に、何を与えられるのか、そんなサービス精神を持って書いてください。

こんなキャプションで惹きつける！

なんと1日限定５人！
超レアコーヒーの秘密を徹底取材！

一番人気はバニラ！
9割の人が頼む
そのワケは？

日本でただ１人！
スゴ技は偶然から
生まれた！

抑揚のない文章は盛り上がらない

92ページで、文章の導入に「フックをかける」ということをお話ししましたが、ここでは、本文をどのように展開させていくかを説明します。

冒頭でインパクトのあるフックをかけたら、次は伝えたいポイントをリズミカルにつなげていきます。

文章は起承転結が大事だといいますが、時に盛り上げ、時には転換させて、文章に抑揚をつけていくのです。

テレビのバラエティ番組で、著名人の人生を紹介するものがありますね。これらが人気なのは、ゲストの方の人生が順風満帆ではないからでしょう。

「上がって、下がって、再び上がる」、そんな**抑揚が人の気持ちを揺り動かし、共感**

を呼ぶのです。

孤児から世界的デザイナーになったココ・シャネル、「さる」と呼ばれながら天下を取った豊臣秀吉、元々はお姫様ではなかったシンデレラや白雪姫などのプリンセスも同じです。トントン拍子に物ごとが進み幸せになったのではなく、幾度もの失敗や裏切りなど、遊園地のジェットコースターのように山や谷があるからこそ人々から共感を得られ、愛されるのです。

文章にも山や谷をもうけることで、読者をワクワクさせるような抑揚をつけてほしいと思います。

それでは、どのようにして抑揚をつけるか、ポイントを説明しましょう。

まずは、平板になってしまっている例文を見てください。

例

①1990年、私は東京都小平市に生まれました。小さい頃はやんちゃ坊主でいたずらを仕掛けては大人たちに怒られてばかりいました。中学生のときに父が肝

細胞がんで逝去しました。高校卒業後は近所の自動車整備工場で働き始めました。2年後には、高校時代から交際していた女性と結婚して、3年前、初めての子どもが産まれました。

彼がどのような人生を送ってきたかはわかりますが、まるで履歴書のようで、この文章では心を揺さぶられることはありませんね。

では、次のように修正してみたらどうでしょうか。

例

②1990年、私は東京都小平市に生まれました。小さい頃はやんちゃ坊主。「コラッ!」と大人たちから叱られてばかりいました。そんなガキ大将だった私を変えたのが、中学生のときに迎えた父の死です。肝細胞がんで急逝した父の代わりに、母親や兄弟を守らなくてはならないと思った私は、高校卒業後は働くことを決意しました。近所の自動車整備工場に就職後、高校時代から付き合っていた女性と結婚。3年前に初めての子どもが産まれ、今は家族3人で幸せに暮らしています。

例②では、途中に「コラッ！」という口語表現を入れたり、文末に体言止め（文末に名詞や代名詞を使うこと）を用いたりすることで、文章のリズムに変化をつけています。この簡単な変化も抑揚の一つです。

ドラマチックな内容だけが抑揚ではなく、**表現にちょっとした変化をつけるだけでもリズムは生まれます。**

変化を考える際に、私がときどきやっている手法は、**しゃべるつもりで書く**ことです。

とてもおもしろいことがあり、それを誰かに伝える場合、どのように話せば盛り上がるか、ある程度自分の中で整理して話すのではないでしょうか？

そして、相手の反応を見ながら、「どうなったと思う？」などと途中で質問を投げかけたり、話にオチをつけたりするかと思います。その要領です。

文章も同じ！　書く前に、友達に話すつもりでポイントをあげながら、展開を考えてみてください。

意外な事実で、読み手の関心を引き寄せる

人は意外なものに強く惹かれる傾向があります。悪いイメージがあったのに実は違ってよかったという場合、そのギャップが大きければ大きいほどよい印象へと大きく変わります。ただ、プラスだったのにマイナスになる場合は悪いイメージがとても強くなるので注意が必要です。

これまでもお伝えしたように、文章により読み手を誘導した先に有益な情報がなければ、最後まで読み進めてもらうことはできません。そこで私が大事にしている要素が以下の2つです。

①エビデンスとして用意できる上質な情報の活用

②公的機関（省庁、シンクタンクなど）の信頼性のあるデータの活用

これら2つの情報やデータを入れ、読者に「あっ！」と思ってもらえるような意外な情報を提供することで、最後まで読み進めてもらうのです。

ただし、情報の引用やデータの羅列だけでは、おもしろみがなく、読者の興味は削がれてしまうでしょう。よって、データや情報の見せ方も工夫しなくてはなりません。

たとえば、2016年9月にダイエットに関する書籍の紹介で掲載された「シュークリームはダイエット食である」というコラムでは、

例

例えば、ショートケーキが1個約400〜500キロカロリーなのに対して、シュークリームは約200〜250キロカロリー。約半分程度のカロリーしかない。（中略）

ミニシュークリームは、1個あたり約30キロカロリーと非常にカロリーが低い。1箱食べても標準のシュークリーム1個未満である。

といったスイーツのカロリーに関する意外な情報・データを記載しています。

しかし、ただ淡々とスイーツのカロリーの数値を書き連《つら》ねただけでは、おもしろみもなく、読者も飽きてしまうでしょう。

そこで私は、「他に、カロリーが低く、分量を調整しやすいスイーツはあるのだろうか」「逆に、『これは危険！』というスイーツは何だろうか？」と考え、ケーキやミニシュークリームなどを例にとり入れました。

リズムよく例をあげたことで、「次はどんなスイーツが出てくるのだろう」という読者の興味を惹くことにも成功しました。

読者の中には、「じゃあ、あのスイーツはどうなんだろう」と意識を向けた方もいたかもしれません。

さらに別の例も見てみましょう。

例

「食品ロス」（食べられるはずの食品が廃棄されること）の問題がクローズアップされている。卵であれば、賞味期限は夏場は、産卵日から3週間だが、実は冬場なら57日間は生で食べることができる。また、卵に限らず、多くの食品の賞味期限は実際より2割以上短く設定されている。
（『食品業界の闇にメスを入れる！賞味期限はウソである!?』）

厚労省によれば、旅館営業施設数は41899施設（平成27年3月末）となっている。そのなかでも地方の小規模旅館が危機にさらされている。施設の老朽化、人材不足の影響は大きく、今後10年間で3万施設を切ると予想されている。
（『外国人利用客を効果的に取込むことで旅館は活性化する』）

データは**見せ方によって読者の興味・関心は大きく変わってきます**。

読者の興味を惹き続けるためにも、ただデータを掲載するだけでなく、どのように伝えるかまで考えましょう。

ストーリーで興味のない読み手も巻きこもう

また読み手の興味を惹き続けるためには、ストーリーにするのも一つの方法です。
たとえば、車を買ったという一文でも、

例

今月、フェラーリディーノ２４６ＧＴを買いました。

この一文だけではフェラーリ好きを除けば、誰も関心を持ちません。
一般の人にとっては、単なる事実報告でしょう。

では、次のようにするとどうでしょうか。

例
今月、フェラーリ ディーノ246GTを買いました。スーパーカーが流行った子どもの頃からの夢でした。ようやく念願が叶いました。

たった2文付け加えただけなのに、大きく印象が変わりませんか？

インタビュー記事などでこのような文章を入れると、「この車を買うために苦労したんだろうなぁ」「きっとカッコいい車なんだろうなあ」といった感想が浮かんでくるはずです。さらに興味を持った人は「どんな車なんですか？」と質問してくるかもしれません。

また、会社説明をする場合も次のようにするだけで〝感動〟さえ生まれます。

- 3名からはじめた会社も、倒産の危機を乗り越え、社員数100人を超えました。

このような**ストーリーは事実だけでなく、そのときの感情や思いなどさまざまなも**

のを想起させます。

ストーリーを文章にうまく取り入れることで、幅広い読み手を惹きつけることができるはずです。

2 章

これで伝わる！
SNS、ブログでの一流文章術

何より大事！相手に伝えるためにまず考えるべきこと

「フェイスブックなどのＳＮＳは自分メディアだから何を書いてもいいんじゃないか」という人がいます。

確かにＳＮＳは自分の好きな情報を気軽に発信できるメディアです。日記のようなものですから自由に書いても構わないでしょう。

しかし、中には、自分の考えや主張を世の中に広く発信したいという人もいます。その場合は書き方を考える必要があります。ある特定の人だけに伝わればいいというならば、自己主張や専門性を盛りこみ、対象ではない読者にとっては読みにくい文章であってもいいかもしれませんが、より多くの人に読んでもらいたい、自分の考えを伝えたいと思うならばそうはいきません。そのジャンルに興味がない読者にも興味を持ってもらえるよう工夫し、**わかりやすく伝えることが肝心**です。

たとえば、私の場合は、現在いくつかのニュースサイトに記事を掲載しています。当然、記事を書くときは、いつも多くの人に読んでもらうことを意識しています。

ネット上で公になっているニュースサイトが、個人の主張にあふれていたり、専門的すぎてわかりにくかったりしたらどうでしょうか。ニュースサイト自体の信用性を損ねてしまいます。

とくに、私が所属している言論プラットフォーム「アゴラ」は、オピニオンサイトです。

国内有数のジャーナリスト、政治家、経営者などが執筆者として名前を連ねています。記事の内容は執筆者が全責任を負い、転載先のサイトにも実名で投稿されます。記事は平均して数万PV、多ければ数百万PVを獲得するほど発信力があるサイトです。

投稿ジャンルは、政治、経済、ビジネス、一般社会、国際、IT・メディア、科学・文化、書評など多岐に渡っており、読者が求める情報も、特ダネやスクープ、世の中に対する警鐘、日々の暮らしに役立つ情報などさまざまです。

それだけ影響力のあるものですから、自分の立ち位置をよく考えた上で文章を考えなくてはいけません。

多くの著名人も参加している「アゴラ」ですが、それらの投稿には一定のパターンがあります。

それは、記事を投稿している誰もが自分の立場を理解し、読み手が自分の記事をどうとらえるのか、つまり読者への影響力を考えて書いているということです。

自分の意見や考えに自信を持ち、広く明確に伝わるようにとの思いから、掲載されている文章は、ほとんど言いきりの形で書かれています。

このようなオピニオンサイトは特殊な例としても、まず、対象者は誰なのか、どういった目的で読んでもらうのかを考えるようにしましょう。

SNSでもひとりよがりの文章はNG

SNSやブログの文章を読んでいると、今日のランチやファッションなど、「いったい誰がこの情報を知って喜ぶのだろう」と思ってしまうような、ひとりよがりの文章をよく見かけます。一人でも多くのフォロワーを確保したいのならば、まずは〝**読者のメリット**〟を考えるようにしましょう。

たとえば「絶品スイーツ♪」というタイトルとともに写真をアップする場合。スイーツそのものにインパクトのあるケースを除けば、写真だけで人々の興味を惹くことはできません。

しかし、写真と一緒に次のような文章を添えてみたらどうでしょうか。

例

「今日は朝から○○ホテルで打ち合わせです。２Ｆの○○では、期間限定スイーツとして『君たちパパイア＆マンゴーのゼリーよせ』が発売されていました。完熟したパパイア＆マンゴーは絶品でした。平日11時～14時の限定50食で、必食！」

ここまで書ければ、立派なメディア。あの人の投稿はとても参考になる！　とフォローしてくれる人が増えるかもしれません。

限定という言葉に人は弱いものです。読者に有益なグルメ情報を提供し続ければ、「今日のお昼はどこで食べよう？」と思ったときに、読者があなたの情報を参考にしてくれるかもしれません。

写真の質だけにこだわるのではなく、**読者の役に立つ情報を提供し続けること**。

これがブロガーやインスタグラマーといった影響力の強い人たちも実践しているテクニックの一つです。

思わず注目してしまう インパクトフレーズ

数字を入れてインパクト！

- 先着50名！ 日本発上陸のスイーツが解禁！
- 2週間で効果が!!
- なんと、10人中9人がリピート！

やっぱり人は限定に弱い

- どこよりも早く情報をお届け♪
- 今しかもらえない限定ノベルティがスゴイ！
- 今だけ30%増量！

誰かに教えたい！ 雑学ネタ

- 実は日本発祥!?　石焼ビビンバ
- タバコを吸う人は風邪を悪化させやすい!?
- 国内の毛布の9割は大阪で作られている！

プロが大事にする3つのポイント

文章は公の場に登場した時点で、責任が伴います。非公開の日記のように、単なる自己表現ではすまなくなるのです。

読んだ人への影響力、その文章が掲載されたメディアの評判も考えないといけません。ライターという職業なら、自分自身の価値も文章によって左右されます。

その責任を理解した上で、私は3つのポイントを重視しています。

ポイント1　根拠

私はジャーナリズムの視点から、一次的な情報（ある人から聞いた話など）を鵜呑みにせず、必ず**裏づけや確認をとります**。これはすべての記事においていえることです。

近年、インターネット上の医療系情報サイトで、不正確な記事や著作権の侵害が次々と見つかり、サイトが閉鎖に追いこまれました。

実際にサイトをご覧になった方も多いかと思いますが、医療的なエビデンスが大きく欠落していました。

また、「～だそうです」「～と言われています」という曖昧な表現も多々見られ、とても情報と呼べるものではありませんでした。

私の場合は、特に数字に関するデータを使用する場合、必ず裏づけをとります。たとえば、医療系の記事を書くときには、厚生労働省の発表した数字や、学会のデータを引用して裏づけをとり、根拠として記載します。

また、医師や研究者を取材してコメントを載せる場合もあります。これは掲載する情報の精度を高めるためですが、自分を守ることにもつながります。根拠となるデータを調べることは文章を書く上で決して手を抜いてはいけないポイントです。

ポイント2　客観性

2つ目のポイントとして客観性があります。署名入りで書くコラムのような場合、主観が大事ですが、信憑性を持たせるためには、**客観性も必要**です。ここでもデータや専門家のコメントが役立ちます。

引用にあたっては、「〜である」と主観を述べた後に、「というのも」と続け、専門家のコメントを挿入して客観性を持たせます。さらに、「このことから私はこう考える」と意見を述べて終えると、主観が強調されます。

客観性は主観を引き立てるものであり、共感を得るための手段です。視点が偏りすぎないためにも、常に、客観性を意識しましょう。

ポイント3　明確さ

文章はひとりよがりになっては失敗です。読み手に理解してもらってこそ目的が達成されます。そのためあれこれ詰めこみすぎてしまい、本当に伝えたいことが埋もれてしまってはいけません。

文章を書きなれていない人ほど、「あれも伝えたい」「これも知ってもらいたい」と詰めこみがちです。伝えたい！　という気持ちが先行するのかもしれませんが、あれやこれやとメッセージを過分に盛りこんでしまっては、読み手の頭はパンクしてしまいます。

私はよく「うまく書くにはどうしたらいいでしょうか？」と後輩のライターから質問されます。

そのとき「そもそもうまい文章とはどんな文章？」と聞き返すと、インターネット上で話題となるような文章、いい感じの文章、カッコいい文章などさまざまな回答が返ってきます。

私が考える「うまい文章」とは、冒頭でお伝えしたとおり、**「行動を促す文章」**。たとえ見た目の雰囲気を重視して、気の利いたフレーズをたくさん盛りこんでも「何を伝えたいのか」が明確でなければ、読者の行動を促すことはできません。

これまであげてきた3つのポイントはSNSだけではなく、ビジネス文書でもおさえておきたいポイントです。信頼される文章を書くためにも、常に意識するようにしてください。

ＷＥＢサイトのコンセプトも考えよう

情報サイトやニュースサイトなど、公のＷＥＢサイトはそれぞれ目的や目指している方向性があります。

よって、どれだけ話題性のあるネタであったとしても、掲載されるサイトのコンセプトに当てはまっていなければ読んでもらえません。

情報サイトなどに記事を投稿する場合は、サイトのコンセプトに反していないか、サイトの運営方針を理解した上で執筆に取りかかりましょう。

私がメインで書いている言論プラットフォーム「アゴラ」は、専門家による「言論の市場」を提供することによってウェブ上の言論を活性化し、専門家と一般市民をつなぐ役割を担っています。

そのためまず「〇〇の専門家」でなければ、記事を掲載してもらえません。また

「○○の専門家」であっても、一般市民を対象とした文章でなければ、サイトの運営方針とマッチしないため、掲載されないでしょう。

メディアに掲載されるときだけでなく、ブログやSNSにおいても、より多くの人に読んでもらいたい場合は、まずはその**ブログやSNSのコンセプトを明確に知って記事を用意する**必要があります。

まずはタイトルです。たとえば、

「私の毎日の私的な日記」

というタイトルのブログは、「私」が芸能人や有名アーティストなど、知名度のある人物でない限り、アクセス数が増える可能性は低いでしょう。

しかし、

「DIY大好き主婦の手作りインテリア帳」
「ガンダム歴30年！ ガンダムに命を賭けた男のオタクライフ」

というタイトルでしたら、あなたのことを知らなくても、DIYやガンダム好きな人が興味を示してくれるかもしれません。

まずはこの入り口となるタイトルで明確な差別化を図ることが大事です。そして、このようなタイトルをつけたら、中身の記事もタイトルに沿ったものでなくてはなりません。

ＤＩＹをうまくできるコツやガンダムの最新情報を知りたくてブログにアクセスしたのに、そこに書かれている内容が仕事の愚痴やランチタイムの写真ばかりだったら、せっかく興味を示してくれた読者も、やがて離れていってしまいますよね。

一生懸命記事を書き、タイトルで惹きつけたのにもったいない！

ですから、ブログやＳＮＳの記事を書く際は、まずそのＷＥＢサイト全体のコンセプトをきちんと確認し、他の記事のトーンも参考にした上で書くようにしましょう。

SNS、ブログは短文が好まれる

一般的な文章でもそうですが、特にブログやSNSの場合、文章量が多くなりすぎないよう大幅に絞りこむ必要があります。

なぜなら、ブログやSNSは本や紙の文章のように長文向きではないからです。スマートフォンで読む場合、移動中に読むことが多いのに加え、文字も小さくて読みづらいです。また、パソコンのモニター画面で読む場合でも、じっと眺め続けると目が疲れます。

ある調査によると、平均して7分程度で読める記事が人々の関心を集めるという調査もありますが、私の経験からいうと、**1～2分でさらっと読めるような短文**が好まれます。

たとえば、ツイッターでは140文字という文字数制限があります。今はいくつかのSNSを連動させている方も多いので、まずはこの140文字で伝えることをめざしてみてはいかがでしょうか？

次のケースは、新車の宣伝文を写真とともにSNSにアップする場合です。

次の2つの例文のどちらのほうが「いいね！」が集まると思いますか？

例

①弊社から発売される最新の車です。スターF12A　エンジンは6200ccV12DOHC、最高出力740PS／8300rpm、最大トルク55・1kgm／6000rpm、サスペンションはダブルウィッシュボーンを採用しています。

②弊社の最新SUVです。鮮烈なボディ、史上最強の赤！

一般的に考えて、後者のほうがより多くの「いいね！」やリツイートを集めるでしょう。

というのも、例①では、車ファンならそのよさを読解できるかもしれませんが、車に詳しくない人は何のことを言っているのかさっぱりわかりません。何が売りで、どこがアピールポイントなのか伝わりません。

しかし、例②は誰でもこの車の最大の特徴は、車体の独特なレッドだということがわかります。

このようにSNSで広く拡散されることを狙うには、媒体に合わせて文字数は少なめにしぼりこむこと、そしてあれこれと詰めこまず、**アピールポイントを一つにしぼる**ことが大事です。

写真を使って想像力をかき立てる

いろいろと書きこみたくなるかもしれませんが、前述の通り、ブログやSNSは長文に適していません。

最近、「インスタ映え」という言葉を特によく耳にしますが、ブログやSNSで自分のコメントを拡散させるのに、文章と同様に重要なのが写真です。ブログやSNSは本のようにじっくり読むというよりも、短い時間の合間を縫ってさっと流し読みするメディアです。そのため、文章で長々と説明するよりも、ひと目でわかる写真やインパクトのある画像が好まれます。

しかし美しい写真をアップしただけでは、「これは何?」という事態になりかねません。写真をより引き立たせるキャプションとして、**センスのあるひと言**が求められます。

たとえば、ただのラーメンの写真も「ハバネロ50個分の殺人的激辛ラーメン」なんてキャプションが添えられていたら、多くの人々の興味を引きそうですよね。

そのキャプションも長くてはいけません！　短いながらもインパクトのあるキャプションが力を発揮するのです。

キャプションをつける際におさえておきたいポイントは、その商品の一番強い特徴を魅力的に見せることです。

たとえば、大きなものならばどのくらい大きいのか、そのサイズや重量、質感についてもふわふわ、とろとろなど、まるで読み手がさわっているかのようなリアリティを短い言葉で盛りこむのです。

そのためには、あなたが**一番最初にその商品にふれた感覚が大事**です。

よって、自分が興味を惹かれた表現をメモなどで残しておくことです。

読者の目の前にその商品があるかのようなイメージをかき立てるキャプションこそ、短いながら大事な要素なのです。

ブログは記事全体のデザインも考慮する

近年、SNSに押されがちですが、ブログの効力もまだまだ顕在。一日で何万PVも集めるブログには広告もつき、ブログ運営でお金を稼いでいる人も大勢います。人気ブログを目指す上で重要なのは、読者に役立つ情報を提供し続けることですが、それと同じくらい大事なのが〝**読みやすさ**〟。

SNSに比べて、ブログは文字サイズやフォントの変更、太字にする、下線を引く、リンクを貼るなど、比較的デザインの自由度が高いのが特徴です。

特にブログは長文になることも多いので、そのような記事を投稿する際は、こまめに改行する、文字が詰まっている雰囲気にしないために空白行を入れる、重要な箇所は太字や赤色にするなどデザイン面も考慮することで、読者を最終行まで誘導することができます。

私は読みやすさを考慮して、**一行を40文字程度に統一**しています。人の目線は横移動が苦手とされていて、よくばると読みにくくなるからです。

改行は文節ごとに行いますが、頻繁に改行するとリズムが失われる場合もあるので、キリのいいところ（伝えている内容、意味合いが変わる場所）で改行します。

また空白行は文章の区切りの箇所に入れるのが大前提ですが、見た目としては**4行程度で空白行を入れるのが効果的**だと感じています。

そして、際立たせたいキーワードは、できる限り段落の中に1回入れるようにしています。これによってキーワードが強調されます。

ブログを一生懸命更新しているが、読者数が増えないとお悩みの方は、内容だけでなく、デザイン面も今一度検討してみたほうがいいかもしれません。

記事の見た目を改良することで読者数を増やすことは、SEO（Search Engine Optimization、検索エンジン最適化）の面でも効果を発揮します。

絶対避けたいネタ切れを防止する必殺技

ブログやSNSの更新を継続する上で起こりがちなのが「ネタ切れ」。

最初は毎日のように投稿していたけれども、徐々に書くことがなくなり、気づいたらもう何カ月もログインしていない……という悩みをよく聞きます。

個人的な日記であれば、三日坊主で終わってしまっただけですが、集客や宣伝ツールとしてブログやSNSを使いたい人たちにとって、ネタ切れは大問題。始めたのならば、永続的に業界の最新情報などを投稿していきたいものです。

そこで私がネタ切れ防止のためにおすすめしたいのが、**「複数視点を持つこと」**です。

たとえば、伊豆に旅行に行ったとします。旅行記として、ブログやSNSにアップするのもいいのですが、それだと1〜3記事分ぐらいにしかなりません。
しかし旅行記というカテゴリーを、郷土料理、名産、ホテル、お酒、風景、政治、歴史、著名人、遺跡、人の性質、景気などというように細分化していったらどうでしょうか。たった1回の伊豆旅行で10記事以上をアップできるようになります。

このように細分化する、つまり視点を多く持つことで切り口は多様になり、一つの取材場所であっても、媒体やターゲットにあわせて複数の記事を書きわけられるようになります。

そして、一つのことにしぼり、深く掘り下げることで、思わぬ気づきも得られます。
文章を書く際は、**頭を柔軟にしてさまざまなアプローチを考えましょう**。考えているうちに物ごとを見る視点も変わっていくはずです。これを繰り返すうちに、書くネタに困らないどころか、「書く力」もアップしていきますよ。

自分を信じて文章を書く

ブログやSNSで読まれる文章を書くには、テクニック以上に、**「私はこれを伝えたい！」という強い信念**が大事です。

私は「アゴラ」を中心とするオピニオンサイトで様々な記事を書いていますが、そのいずれにも自分なりの見解を必ず入れています。

自分の意見を述べることは恐いことです。見ず知らずの誰かから批判や言葉の暴力を受けるかもしれない。そう思って、当たり障りのない記事を書く人がいます。

でも、それでは結局、何の着地点もない原稿に仕上がってしまい、「意見のない執筆者」というレッテルを貼られてしまいます。

ブログやSNSでも注目を浴びる記事は、何かしら話題となる意見や考えが含まれています。

時には誰かを敵に回し、炎上という事態を招くかもしれません。しかし、顔の見えない相手を恐れていては、他者に影響を与えるような文章は書けません。

ブログやSNSの投稿は、基本的に誰かに強制されるものではなく、自発的に行うもの。胸に秘めておけばよいはずの思いをわざわざ公開するのですから、そこには「誰かに見てもらいたい、知ってもらいたい」という気持ちがあるはずです。

伝えたい思いを大事に、自分を信じて書く、これは文章を書いていく上の基本であり大切な要素です。

読み手を不快にさせない表現を心がける

「自分を信じて文章を書く」ことは大事ですが、気をつけていただきたいことがあります。それは、読み手のことを考えずに、好き勝手に書き散らかすことです。

読み手に気持ちよく文章を受け取ってもらうには、**相手を不快にさせないような配慮が必要**です。

近年、SNSなどで批判の体裁で誹謗中傷をする文章をよく見かけますが、読んでいて気持ちのいいものではありません。また明らかな中傷でなくても、気遣いのない、単刀直入すぎる文章だと読み手の共感は得られません。

最近は企業の経営者や芸能人がＳＮＳで暴言を吐き、炎上するケースが多々あります。心ないコメントに激怒して、感情に任せるまま、投稿したくなることもあるでしょう。しかし、そういうときこそ、いったん心を落ち着かせてください。

反論するにしても、相手が納得するようなデータや裏づけを用意し、論理的な文章で返すなど、大人の対応をすることで、「あの人はこのような暴言に対しても冷静に対処できる」と高評価を受けられるのです。ひいてはそれがあなた自身への信頼感にもつながります。

文章を読まれた後のことも考える

ブログやSNSは公開されるといっても、一般的には私的な空間。好きなことを書き連ねても、基本的には構いません。しかし、一般に公開するということは、**思わぬ読者が存在する**ということも覚えておきましょう。

たとえば、仕事で失敗したり、人間関係がうまくいかなかったりしたとき。愚痴や文句をSNSで書いても、個人情報の漏洩など大きな問題がない限り、法律上問題はありません。

しかし、職場の上司や取引先の人がその投稿をチェックしている可能性もあります。すると、「いつもはいいことばかり言っているのに、本当はこう思っていたのだな」と悪い印象につながり、人間関係が悪化してしまうケースもあります。

職場に芸能人や有名人が訪れたからといってむやみやたらに書くこともNGです。

その投稿がきっかけで、何かしらの被害にあった芸能人に裁判を起こされる可能性だってあります。

文章は書いて終わりではありません。書いて、読まれて、そこから思わぬ事態に発展することだって多々あるのです。

私は公になる文章では、「自分が何をどう伝えたいか」だけではなく、読まれた場合の影響も考えます。

文章を読んで、どうとらえるかは人それぞれ。インターネットのように読まれる範囲が広ければ広いほど、読者のとらえ方も広がることを痛感しています。

3 章

ビジネスメールのセンスを上げる！

――デキる人の文章戦術

ビジネスメールも身だしなみが大事！

今日の連絡手段は電話よりもメールが主流になりました。タイムラグがなくダイレクトに届き、相手の時間を奪わないものとして、メールは電話よりもビジネスに欠かせないツールになっています。

しかしメールは便利である一方、相手がいつ読むのかわからず、電話に比べて微妙なニュアンスが伝わりにくいというデメリットもあります。

また、昨今のビジネスメールを見ていると、わかりにくい文章、不快な文章も多々あります。

知らずしらずのうちに伝わりにくいメールを送って、ビジネスチャンスを失っている恐れもあるということです。

人は見た目で印象を決めてしまうもの。仕事の場で身だしなみを整えるのは社会人の常識です。

身だしなみ一つで、「この人は清潔感があるし、テキパキしていて仕事ができそう」「この人はだらしないから仕事もいいかげんかも……」などと勝手な先入観を持たれてしまいます。

メール文も身だしなみが大事。簡単な文章一つとっても、ビジネスマンとして仕事ができる、できないを判断されてしまうこともあります。いや、簡単だからこそ文面で判断される、とも言えるでしょう。

それでは、身だしなみの整った文章とはどういうものか、この章ではビジネスメールを中心に、ビジネスマンとしてのセンスをワンランクアップさせる簡単なコツを紹介します。

挨拶文をマスターしよう

仕事の現場では日々大量のメールがやりとりされます。あまりに量が多いと、そっけない連絡や失礼な言葉遣いのメール、要領を得ないメールなどはつい後回しにしてしまいがち。

忙しい現代において優先されるべきは、短い時間で、的確に相手に要点を伝えること、でしょう。

まず普段から取引のある相手であれば、メールでの挨拶は「いつもお世話になっております」だけでもかまいません。親しくなった相手であれば、天気の話やちょっとした雑談を混ぜるのも、相手との距離をより縮めてくれることになります。

さて、本題ですが、ビジネスメールの基本的な流れは、

挨拶 → 何の連絡か → 連絡内容の詳細 → 相手への気遣い → お願いのひと言です。

連絡内容についても、**5W1H（だれが、だれに、いつ、何を、どうして、どうやって）をしっかり盛りこみ、漏れのないようにしたい**ものです。

また、タイトルにも工夫をしましょう。タイトルだけで相手に内容を伝えられるようなものにするのがベスト！　そして長文の場合には、（長文で失礼します）などのひと言を添えることも、相手への気遣いになります。

もらってうれしいお礼メール

仕事ができる人は、お礼文一つとっても気が利いています。短いながらも気持ちがきちんとこもっているのです。具体的にはどういうものか、例を見ていきましょう。

たとえば、食事をご馳走してもらった後、仕事を手伝ってもらった後、ミスをリカバリーしてもらった後……社会人として、お礼メールを送るのは常識です。

そんなお礼メールも、ほんの少し気を利かせるだけで大きく印象が変わります。
では、例文を見ていきましょう。

例

一般的なお礼メール

このたびは、ご馳走になり、ありがとうございました。
またお土産までいただき恐縮です。
取りいそぎお礼まで。

こんな定型文では、何の印象も残りません。相手からも「せっかくお土産まで渡したのに」と、物足りない思いを抱かれるかもしれません。
このような場合は、ひと言でいいので感謝の気持ちを具体的に書き添えましょう。

例

デキるビジネスパーソンのお礼メール

昨夜は、ご馳走になり、ありがとうございました。
実は初めて、〇〇を食べました。

まさか、生で食べられるものとは知りませんでしたので、大変驚きました。
調理法も、あんなに種類があるとは知りませんでした。
楽しい時間はあっという間に過ぎてしまいましたが、
ぜひ、またの機会にお目にかかりたいと思います。
お土産までいただいて恐縮です。
本当にありがとうございました。
ひと言、お礼まで。

この程度の文量なら、書くのも時間がかかりません。メールをもらった相手も、具体的な感想があるとうれしいもの。次の機会へとつながる可能性も高まるでしょう。

このお礼メールのように、まず**押さえたいのは相手への配慮**。ちょっとした気遣い、気配りとして〝実感〟を添えることで、相手の印象は大きく変わっていきます。

ビジネスメールに有効なクッション言葉

ビジネスメールには依頼、お断り、お詫びなどさまざまな要件がありますが、どのような要件でも、メールでは相手を不快にさせないことが大事です。

そのために有効なのが、「クッション言葉」。ひと言加えるだけで、言い方がソフトになる魔法の言葉ともいえます。

次に、覚えておくと便利なクッション言葉を、使用例とともにまとめましたので、参考にしてください。

依頼する場合

- お手数をおかけしますが、（ご返却をお願いします）
- 恐れ入りますが、（もう少しお待ちいただけますか）

- 差し支えなければ、（教えていただけますでしょうか）
- 大変恐縮ですが、（ご確認をお願いします）
- ご面倒をおかけしますが、（ご返答をお待ちしています）
- 可能であれば、（調整をお願いいたします）

断る場合

- 申し訳ございませんが、（対応できなくなってしまいました）
- 大変残念ですが、（お伺いできません）
- あいにくですが、（その時間は不在にしております）
- せっかくではございますが、（今回は欠席させていただきます）

反論する場合

- お言葉を返すようですが、（貴社のご意見には賛同しかねます）
- おっしゃることは理解できますが、（プランBのほうが成立しやすいかと思います）
- その通りではございますが、（同意しかねます）

（ネガティブな事柄を）報告する場合

- 大変申し上げにくいのですが、（A社のコンペは敗北となりました）
- 誠に勝手ながら、（その日はお休みをいただいております）
- あいにくですが、（席を外しております）

人は正面から反論されたり、攻撃されると身構えてしまうもの。メールという無機質な文字でのやりとりだからこそ、このクッション言葉を添えるだけで、相手を直接攻撃するようなきつさは弱まり、交渉がうまくいく可能性も高まります。

ぜひ、これらの言葉を活用してスムーズな人間関係を築き、ビジネスも成功させましょう。

断り文を好印象に

相手に配慮する、これは断りのメールでも同じことです。むしろ断る場面でのほうが、より気遣いが必要かもしれません。

次は、不採用通知の例文です。これをもとに、気配りのコツを考えましょう。

例

一般的な不採用通知メール

○○様
先般は弊社の面接にお越しいただき、ありがとうございました。
慎重に選考を進めた結果、貴意に添いかねる結果となりました。
何卒ご了承いただければ幸いです。

貴殿の今後益々のご活躍をお祈り申し上げます。

株式会社××　採用担当

まるで不採用通知の例文をコピペして送ったかのようなメールですね。
ここに気遣いのひと言を添えると、どう変わるのでしょうか。

例

気遣いをこめた不採用通知メール

○○様

先般は弊社の面接にお越しいただき、ありがとうございました。

慎重に選考を進めた結果、貴意に添いかねる結果となりました。

何卒ご了承いただければ幸いです。

採用担当としてもさまざまに考慮しましたが、力が及びませんでした。

お知らせもお待たせしてしまい、申し訳ございませんでした。

貴殿の今後益々のご活躍をお祈り申し上げます。

株式会社××　採用担当

たった2行加わるだけで、受け取る側の印象も大きく変わりますね。さらに、社会人の先輩として、応援の気持ちを添えるとしたら、次のようになります。

例

さらに好感度の高まる不採用通知メール

○○様

先般は弊社の面接にお越しいただき、ありがとうございました。
慎重に選考を進めた結果、貴意に添いかねる結果となりました。
何卒ご了承いただければ幸いです。

あなたにとっては残念な結果となりましたが、日々の努力には敬意を表します。
再度奮起され、次こそは内定通知を受け取られるよう心から願っております。
貴殿の今後益々のご活躍をお祈り申し上げます。

株式会社××　採用担当

こんな文面だったら、たとえ不採用だったとしても、よい印象を与えるのではないでしょうか。

就職活動や転職活動はつらいもの。ひと言添えるだけで相手を応援できるなら、こんなひと工夫があってもいいと思います。

不採用通知は会社を代表して送るメール。たとえ不採用にしたとしても、会社によいイメージを持ってもらったままのほうが、この先どんなご縁があるかわからないものです。

現代は大クレーム時代。冷たい断りのメールが原因で、SNS上で悪い評判が拡散されることもあります。また、不快なメールがもとで、その会社の商品を購入しなくなったというケースも珍しくありません。

どんなときも、**会社の顔としてメールを送っている**ということを忘れないようにしましょう。

流されないお誘いメールを目指そう

ビジネスでは社内なら飲み会・歓送迎会や忘年会、社外なら製品やサービスの発表会、記念祝典などさまざまなイベントがあります。

しかし、毎日忙しく仕事をしている中で、気分の乗らないお誘いには参加してもらえないどころか、興味すら示してもらえません。

お誘いをする場合、「あ、行きたいな」「行ってみようかな」と受け取り手に思わせることが大事です。

たとえば、取引先を交えて一献もうける際、あなたならどのようなお誘いメールを送りますか？

次にあげる例文で気持ちが入っているように感じるのは、どちらのお誘いでしょうか。

例

①7月26日、取引先のABC物産の石川専務をお招きして一献もうけることになりました。お店は和食の人気店を予定しています。参加できるかどうか皆さまのご都合をご連絡ください。

②7月26日、取引先のABC物産の石川専務をお招きして一献もうけることになりました。当日、宴席を予定している魚銀亭は、魚河岸直送の新鮮な魚介類と、全国の蔵元から取り寄せた1000種類の日本酒が用意されています。とくに、幻の日本酒といわれている北霞プラチナラベルは、知る人ぞ知る一品です。今回は特別に用意していただきました。参加できるかどうか、皆さまのご都合をご連絡ください。

どちらの誘いが行きたくなるかは一目瞭然！　②はすぐに返事が集まってくるはずです。

イベントに誘う場合、魅力的な文面にするためにしておくべき、大事なことがあります。それは、参加者に興味を持ってもらうための事前リサーチです。

これをしている人としていない人とでは大きな差が出ます。

それは**お店選びの前から始まっています**。

どのようなメンバーが参加するのか、女性と男性の比率、お酒を飲む人の割合、可能ならば魚好き・肉好きといった好みなど、事前に情報収集した上でお店を決定し、そのメンバーの心に刺さるようなメッセージを送るのです。

新鮮な魚、おいしいお酒、なかなか予約の取れない名店、絶品限定スイーツなど、相手の心が動くようなキーワードを盛りこむだけで、「行ってみたい！」という気持ちになるはずですし、「気が利く人だ」と思ってもらえます。

また、最近はアレルギーを持っている方も多くいます。好き嫌いも含めて確認しておくことで、参加者も気を遣わず、楽しむことができます。

参加者が増える！
イベント開催前のチェックポイント！

- ☑ ゲストの有無
- ☑ 場所（ゲストおよび参加者の都合のいい場所は？）
- ☑ 予算（飲み放題かコース料理か、アラカルトか？）
- ☑ 参加者の年齢層、男女比
- ☑ 参加者の好み（和食か洋食、肉か魚か）
- ☑ 参加者の苦手な食べ物
（苦手なもの、アレルギーのあるものはチェックしてお店に連絡しておく）
- ☑ お店のおすすめ、売り
（季節限定など限定ものなどもチェック！）

上図にお店を選ぶ前にチェックしておきたい項目リストをまとめました。

これらをチェックして出てきた内容を元にし、お決まりの誘い文句に、ひと言、**メンバーの心が動くような言葉を加えてみましょう。それだけで、効果は大きく変わるはずです。**

気持ちが伝わる！　贈り物に添えるひと言

最後に、贈り物を贈った際のひと言も紹介しておきます。

せっかく贈るのですから、時候の挨拶だけで終わらせるのではなく、相手との距離を縮めるひと言を添えましょう。たとえば次のような一文です。

例
・ワイン通の○○先生にこそ飲んでいただきたい一品です。
・今秋獲れたばかり。今しか召しあがっていただけない旬の品です。
・毎年○本しか発売されない限定品を入手できました。

このひと言で、贈り物の価値も上がります。

相手を思う気持ちはちゃんと伝わるもの。その気持ちを素直に言葉にする。**喜んでもらいたいという、その気持ちが伝わるよう、工夫をこらしてください。**

ビジネスをスムーズに進めるためのメール術

打合せの日程を決めたり、書類の確認をしたり、ビジネスでは多くの約束事・確認事がメールで行われます。

メールの文章自体はさっと目を通せますが、このさっと目を通す数秒で感じる直感はとても大きいものです。こちらもいくつかの文例を見ていきましょう。

アポ取りしやすくなる日程調整メール

日程調整をメールでやりとりする際、何の限定もなく、「いつがよろしいですか」と聞かれても、漠然としすぎて決めようがありません。

多忙なときや無理して約束を設定する必要のない相手だと、なおさら返信に困ってしまいます。

一方で、「来週の水曜日の14時~16時でいかがでしょうか」と、いきなり日時を指定されても、唐突な感じがします。

これでは自分の予定を優先する、デリカシーのない人物と思われても仕方がありません。

気遣いができる人は「来月あたり」「来週あたり」と、**まずゆるやかな期限を指定します**。この後に、「ご都合のいい日はございますか?」と続いたら、スケジュールを確認する気にもなります。

私の経験からいうと、「月初めでいかがですか」「週明けでいかがですか」と、範囲を狭めてアプローチすると、忙しい人との日程調整もスムーズに進みます。

例として、投資会社の営業マンからのメールを見てみましょう。

例

①〇〇様、「いつがよろしいですか」

〈受け取る側の気持ち〉

投資案件には関心がない場合は、不快に思うだけ。会うくらいならいいかと思っている場合でも、この言い方では返信を面倒に感じてしまいます。

②〇〇様、「来月あたりはいかがですか」

〈受け取る側の気持ち〉

相手への気遣いもあり、悪くはないのですが、来月の予定は未定でも、大事な用件が入るかもしれないと思うとすぐには返信できない場合も……。相手との約束が決まるまで時間がかかってしまうかもしれません。

③〇〇様、「お忙しい中、ご面倒ではありますが、来月初旬ではいかがですか」

〈受け取る側の気持ち〉

来月初旬にいくつか予定が入っていても、ピンポイントなら空けられなくもないかなと予定を見返したくなるはずです。

曜日や時間を確定させないにしても、ゆるやかに狭まれたアプローチは相手に受け入れられやすいのです。

引用メールにご注意を！

取引先からのメールに質問などがあった場合、相手の言葉を引用して返信をする場合もあると思います。

ここでは引用メールに対する返信方法、マナーを見ておきましょう。

まず基本原則ですが、**引用する内容は、一言一句中身を変えず、そのまま引用**します。誤字や脱字があるからといってこれを修正してはいけません。

そして**全文引用はＮＧ！**　回答が必要な箇所、疑問を感じている箇所のみを抜き出すようにします。

2つ程度の引用であれば問題ないのですが、それより多く引用質問がある場合は、はじめに、「引用（インライン）にて失礼します」などというひと言をつけ加えておくと、気づかいが感じられます。

ただ、あまりに多い場合は、別途箇条書きでまとめて送るなど、相手も確認しやすい方法を考えたいものです。相手にとっても自分にとっても効率よく読み進められるような工夫をすることによって、相手との行き違いや誤解も防げ、ミス防止にもつながります。

メール＋αで不快感を解消する！

何か依頼するときも、相手への配慮は必要です。たとえば、プレゼンや大切な打合せに取引先の上司の同席を願い出る際、「上の方もご同行ください」と、記載してくる担当者がいます。

これは「上司を連れてきてください」ということですが、受け取った相手は「あなたでは力不足だから上司を連れてきて」と解釈してしまう恐れもあります。

そんなつもりはなくとも、このようにメールではニュアンスが伝わりにくいということは多々あります。

打合せの内容上、決定権のある人に同席してもらいたい、ということはよくありますよね。ただ、相手が「自分では力不足」と解釈してしまっては、マイナスな印象を与えてしまい、その後のビジネスにも悪影響を与えかねません。また、会社の品位を落とすことにもなりかねません。

私は、上席者を同席させたいときには、次回打合せについての詳細をメールで送り、そのメールに、「追ってご相談させていただきたいことがあるので、お電話させていただきます」という言葉を加えていました。そして、電話で次のような話を担当者と直接するのです。

例

尾藤「この提案の意思決定者は○○様ですか？」（○○は担当者の名前）
相手「いや、私の上司の鈴木になります」
尾藤「で、あれば鈴木部長に同席してもらうのはいかがでしょうか。万が一、流れたとしても、○○様はリスクヘッジができますから」
相手「スケジュールも含めて社内調整が必要ですね」
尾藤「では、必要な資料は私が用意しましょう。その上で、NGでもまったく気にしないでください」
相手「いやー、助かります。ありがとうございます」

このやりとりは、上司にリーチすることを目的にしながら、担当者に敬意をはらい、判断を相手に委ねているのがポイントです。

どんなに便利なツールでも誤解を生んでしまっては元も子もありません。メール＋αの連絡方法を考えるようにしましょう。

丁寧すぎるやり取りは禁物

もう一つ、私が困った例も紹介しておきましょう。

打合せを兼ねた食事のお誘いを受けたときのことです。先方から「苦手なものはありますか？」と連絡がありましたので、私は「苦手なものはないのでお任せします」と返信をしました。

その後、先方は、「どの店がよさそうですか？」と、店の候補を3軒あげてきました。締切に追われていた私は、このやりとりが正直面倒でした。


スマートフォンが普及した現代、メールはすきま時間に書ける手軽な連絡ツールになりましたが、やはり書くというのは一つの手間。ちょっとした文章を書くにもそれなりの時間がかかります。たとえ短文であっても、チリも積もれば山となるで、過剰なメールのやりとりは相手に負担を与えてしまいます。

この場合は、「お任せします」と言っているので、接待する側が店を決めるべきでしょう。

このケースでは、私は店を知りません。だから「お任せします」と言っているのです。もし私がお店を選択して、イマイチだったら、気まずい空気になるかもしれません。そうなったらせっかくの食事も台無しです。

メールは受け取る側の状況が見えないので、判断が難しいのはわかりますが、仕事上の付き合いの場合、とくに親しい間柄でもないならば、**むやみやたらに相手に決定権を委ねるべきではありません**。

丁寧な対応のつもりが、相手にしてみたら迷惑な場合もあります。相手とはどのくらいの関係か、どの程度の気遣いが必要か、常に自分が受け取る側になって、過不足ない対応を心がけましょう。

おさえておきたい！ メールのマナー

1 宛先には、メールアドレスだけではなく、相手の社名と名前、敬称を！

相手を呼び捨てにすることのないように管理をしておくのがマナー。アドレス帳登録の際に名前、役職などは確認の上、登録しておこう。

2 わかりやすい件名を書く！

忙しい相手がぱっと見て判断できるよう
メールの内容を短い言葉で書くこと。

3 読みやすいデザインを！

1行35文字以内。区切りのよいところで改行すると
読みやすい。

4 内容を盛りこみすぎない！

あれもこれもと詰めこまない！
1メールにつき1案件が基本です。

5 署名は必ず入れること！

会社名、担当部署、名前、住所、電話番号、FAX 番号、メールアドレス、会社ホームページなどのURLの順番が基本。

書き終わったら、誤字脱字がないか、添付忘れがないかなど確認をして、送信するようにしましょう。

「忌み言葉」は大人の常識

156ページでご紹介したクッション言葉は相手にやわらかくこちらの要望を伝えることのできる技ですが、クッション言葉と同様に知っておきたいのが、「忌み言葉」。こちらは縁起がよくないとして使用を避ける言葉です。

結婚式やスピーチのときに言わないほうがいいことは知っていても、いざ問われると、何が忌み言葉なのかわからない方も多いのではないでしょうか。

ここでは、知らないと恥をかくかもしれない、忌み言葉とその言い換え例を紹介します。

「忌み言葉」の言い換え例

捨てる	➡	整理する
別れる	➡	失礼する
帰る	➡	帰宅する、おいとまする、失礼する
○○を消す	➡	○○をオフにする
家を出る	➡	新しい暮らしを始める
終わる	➡	お開きになる
曲が流れる	➡	曲が聞こえる
時が流れる	➡	時がたつ
壊れる	➡	形が変わる
最後	➡	結びに
桜が散る	➡	桜の花びらが舞う
スタートを切る	➡	出発をする
思い切って	➡	いっそのこと
死ぬ	➡	旅立つ

ビジネス文書の書き方の掟

ビジネス文書は日常的に送るメールなどと違い、書き方を間違えると取引先やビジネスパートナー、上司、同僚などに多大な迷惑をかけてしまいます。だからこそ、ちょっとした文章を書くのにも気を遣いますよね。

ここでは、そんなビジネス文書に苦手意識を抱くビジネスパーソンのために、ビジネス文書の書き方のコツを公開します。ちょっとしたポイントをおさえることで、あなたもデキるビジネスパーソンの仲間入りを果たせます！

絶対通る！　企画書の書き方とは？

企画書を作成する上では、流れが非常に重要です。ただテンプレートに当てはめて作るのではなく、まずゴールを明確にした上で、ストーリーラインを作成していきましょう。一つ例をあげます。

例

企画書のゴール：新発売の化粧品をドラッグストア・C社で販売したい

企画書の主な内容

①現状分析

C社の売上高や店舗数の推移を調査し、現在の医薬品・化粧品業界においてのC社の立ち位置を分析します。

②環境分析

美容業界の環境変化から、C社を含むドラッグストア業界の可能性を考察します。

人口減少の推移、年齢別の健康状況などは厚生労働省のデータなどを活用します。

③他小売業との競争の変化を分析

同業他社だけでなくスーパー、コンビニエンスストア、ネット販売などでの医薬品・化粧品販売の伸び率を調べ、C社の売上と比較検討します。

④消費者動向調べ

流通経済の情報から、医薬品・化粧品購入の消費者の動向をチェックします。

これらの情報を基に、新発売の化粧品をC社で販売することがいかに双方にとって有益であるかが伝われば、企画が通る可能性は高いでしょう。

企画を通すには説得力が欠かせません。目の前に存在しないものを想像させるには、長々と文章で書くよりも、チャートや図、データなども多用してワクワク感を演出することが重要です。

相手の合意を得るためにも、**適切なストーリーラインを作成し、ひと目でわかりやすい図やチャートを多用することをおすすめします。**

特に役員など上役向けの企画書は、隅々まで読まれることはめったにありません。たいていの場合、プレゼンに集中し、資料はポイントにだけ目を光らせて、採否を決定します。

プレゼン内容をしっかりと準備することはもちろん、詳細を詰めることも重要ですが、それ以上にキャッチコピーや図などのビジュアル面に注力するようにしましょう。

ここで一つポイントをあげます。人が無意識のうちに走らせる眼の動きがあります。それは、「左上から右下へ」です。これを意識してレイアウトなども工夫するといいでしょう。

次ページからフォーマット例をまとめます。サンプルなので、この他にもさまざまな見せ方があるはずです。慣れてきたら視線の動きを意識しながら図のサイズを変えたり、配置を変えたり工夫をしてみてください。

そうすることであなたの文章をサポートする書類ができるはずです。

企画書フォーマット例

タイトル	
日付	
所属部・氏名	

実施者担当者	
実施場所	

企画提案の背景	

なぜこの企画を考えたのか、流行商品から派生した商品や企画であれば、その流行商品の研究分析、市場状況などを添える、またそれに関する自分自身の考えなどを明記する。

ターゲット	
ターゲットの属性・好み	

具体的なターゲットをあげ、性別、年齢、仕事、ライフスタイル、趣味などをわかりやすく明記。

企画コンセプト

企画実施によるメリット・効果

詳細を述べた後、今回の企画によってターゲットに与えるであろうメリットをまとめる。いかにこの企画が魅力的であるか、ビジネスとしても有益かをアピールすることが大事。ただ矛盾点があると信憑性がなくなるので、要注意!

スケジュール案	
予算概要	

概要といえどざっくりしすぎたものでは社会人としてNG! 過去の商品、また販促キャンペーンなどをリサーチし、参考として明記すると検討しやすい。

新商品提案フォーマット例

ターゲット	誰に向けたものか、性別、年齢など具体的に書く。
コンセプト	どういうコンセプトの商品なのか、ターゲットにどのような影響を与えたい商品なのか、商品の概要をまとめる。
差別化ポイント	類似商品、他社分析の結果をまとめ、どこが違うのか、提案商品の優位性を際立たせる。決定的な違いを提案できるよう分析には力を入れよう！

商品イメージ（写真）
スケッチ、ラフでもいいので、具体的なイメージがわくようなビジュアル情報を入れる。 色やサイズ、類似商品との見た目での差別化などもビジュアル化するとわかりやすい。

報告書・議事録フォーマット例

○○○○年○月○日
○○部　○○○○（氏名）

目的

出張報告、会議や打ち合わせの議事録、など何のための書類かを明記する。

報告内容

だらだらと書かず、ポイントをまとめる。項目ごとにわける、時系列で書くなど、目的に応じて書きわけること！

結論

報告書ではもっとも大事な部分。これまでの経緯をふまえ、わかりやすくまとめるのがポイント！　矛盾が生じないよう気をつけて！

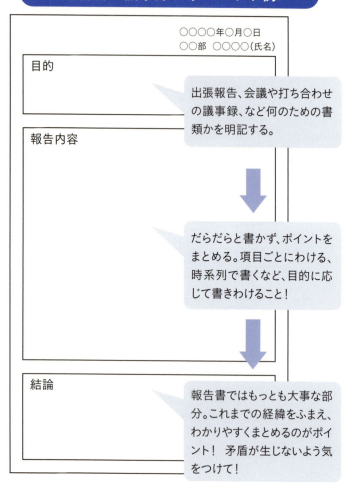

社内向け文章（稟議書）

○○年○月○日

総務部長殿

○○部　氏名

△△△△△△購入の件

何のための書類かを簡潔に明記する。

表記の件について、下記のとおり申請いたします。
ご承認をお願いいたします。

記

1. 商品（またはサービス）

2. 価格、納品時期

3. 理由

4. 別添資料

なぜ必要なのか、その理由を明確に書く。いくつかある場合、だらだらと書くのではなく、箇条書きにし、ポイントがわかるようにまとめること！

添付すべき書類、カタログやパンフレットなどがあれば書類名をここに記載し、添付する。
添付忘れには要注意！

以上

イベントのお誘いフォーマット例

デザイン性を持たせる

新春の会
ご案内

拝啓　謹んで新年のお喜びを申し上げます。
さて……

フォーマルかカジュアルか、イベント内容によって書きわける！

敬具

記

日時：○月○日（○）午後○時から

場所：○○○○店

会費：○○○○円

場所案内は地図もつけておくと親切。当日の連絡先、携帯電話番号も忘れずに！

地図

○○○○店
住所：○○○○○○○○○
（○○駅から徒歩5分）
電話番号：○○○○○○○○○

当日連絡先：090－1234－5678（幹事　鈴木）

4章

プロ直伝＋αの技！

——文章に磨きをかける技術

読み手の琴線に触れるには？

何となく気になる文章、つい読んでしまう文章……ワンランク上の文章とは基本をしっかりおさえた上で、さらなる工夫をし、相手の心が即座に動くような文章のことです。

そして、行動を起こすことに加え、感動を生んだり、目の前にあることよりもさらに大きな目標に向かって行動を促すことができれば成功です。

書くからには、そんなターゲットの琴線に触れる文章を目指したいもの。

では、琴線に触れるにはどう工夫すればいいのか、ポイントを3つにまとめました。例文をあげながら説明していきます。

STEP1　数字を使ってより具体的なイメージを

まず、すき間時間の活用を提案した次の文章を読み比べてください。

例

①海外赴任を目指していたのに、英語の勉強をしていなかったので声がかからなかった。これは準備不足が原因になっています。

勉強する時間がないと嘆いている人も、朝の早い時間を使えばいいと思います。毎日やれば、それだけ時間が積み重なって、いつしかまとまった時間になっていきます。要は工夫次第というわけです。

②海外赴任を目指していたのに声がかからなかった。これは日ごろから英語の勉強を怠っていたなど準備不足が原因と言えます。

普段、勉強する時間がないと嘆いている人も、朝の通勤時間を利用すれば、毎日30分、いや少なくとも10分程度は時間を捻出することができます。年間270

日の勤務だと、合計45～135時間も自分を高める時間に変えることができるのです。このように限られた時間でも工夫次第で効率的に使えるのです。

こまごまと修正した点はありますが、①と②の大きな違いは数字を入れたことです。「通勤時間の30分を使えば、年に135時間の時間ができる」と、具体的に説明することで、読んだ人は「30分でも積み重なると大きい」と、理解しやすくなります。②の文章だと、「30分は無理でも10分ならできるかな」と、具体的にシーンをイメージすることができますね。

数字は誰もが具体的にイメージできるものです。

リアリティを持たせるためにも、時間や量について書くときは、できるだけ具体的な数字を入れましょう。

STEP2　問題提起で他人事から自分事に

先ほどの文章では、最後の一文を、

・限られた時間でも工夫次第で効率的に使えるのです。

としました。これを以下のような形に変えたらどうでしょうか。

・時間は生み出していくもの。あなたも生活時間を一度見直してみませんか？

このように問題や提案を投げかけることで、読者は自分に向けられたメッセージだと感じることができます。

問題提起はやりすぎると嫌みになりがちですが、この方法は、単調な文章に変化を加えることもでき、いろいろなケースで使えるテクニックです。

STEP3　政治家のスピーチに学ぶ！　あるあるネタ

次に紹介する方法は、読者に、「あるある！」と思わせることです。

ここで参考にしたいのは、政治家や経営者のスピーチです。

政治家や経営者にはスピーチ上手な人が多いのですが、彼らはスピーチの中に**巧みにエピソードを盛りこみます**。

スタッフをやる気にさせたいときや選挙中は、「私もみなと同じ」という身近なエピソードを用いたり、相手との共通言語を使ったりすることで、聴き手の共感を得るのです。

自民党の小泉進次郎氏は、方言を使ったスピーチがうまいといわれています。全国各地で披露する定番の演出でもあり、方言のスピーチを聞いた途端に集まった数百名は、あっという間に彼のファンになってしまいます。

小泉氏に限らず、多くの政治家は、選挙区に入れば方言を頻繁に活用しながら、身近なエピソードを披露し、地元出身であることをアピールします。すべては有権者に親しみを持ってもらうため。身近なエピソードはそれだけ共感を得られるのです。この手法を文章でも使わない手はありません。

日頃から、成功体験、失敗体験、感動したこと、不思議な思い出、悲しくて泣いたこと、悔しかった出来事などをできるだけ集めておきましょう。

そのときに大事なのが、自分自身で体験の格付けをしないこと！　**どんな体験でも文章のネタになります**。

ぼんやりと思い出すのではなく、どんなシチュエーションで、何をして、どういう結果でそう思ったか、場面や行動、心の動きを書き出してください。

書き出すのにうまい言い回しは必要なく、メモ書きで十分です。

実際にあったことを細かく書き出すことは、書くトレーニングにもなります。

事実にまさるものはなし！　身近で具体的な体験を集めておけば、それだけ読み手に提供できる材料も増えます。

エピソードで大事なのは、リアリティです。「あるある」という身近なディテールが盛りこめれば、どんな言葉で説明するよりも説得力が増します。

そしてそのときに、美しい、恐ろしい、優しいなど形容詞を使って様子を説明するのはよくある手法ですが、たとえば景色の描写をする際、

- 夕陽が雲の間からこぼれ、湖面にキラキラと映し出された。
- 木漏れ日が彼女の横顔を優しく包んだ。

このように、美しいという直接的な表現は用いず、具体的な事実を用いて、読み手に〝美しい〟を連想させるのもワンランク上の表現だと思います。

何を美しいと思うかは人それぞれ。形容詞は人によってイメージするものが変わります。よって、読み手にイメージさせたい場合は特に、**具体的なことを書くほうが、書き手は書きやすく、読み手もリアルに想像することができます。**

形容詞を使って様子をあらわすか、具体的な表現で相手のイメージをかきたてるか、書くシーンによって使いわけることをおすすめします。

ただし、エピソードにリアリティが出せても、一つだけ、**エピソードに向かないものがあります。それは、自慢話**です。とくにお金と社会的地位の話は厳禁！　読み手の心が確実に遠ざかるので注意してください。

エピソードを使う際には全体の流れにおける位置づけや、そのエピソードを通して何を伝えたいのかを明確にすること。

エピソードを使って、読者が執筆者と同じ感覚を持ってくれたら、目的は達成されたことになります。

臨場感を高め、リアル感を出す

さらりと読んでもパッと情景が浮かぶ、そんな臨場感ある文章は読んでいて楽しいですよね。また楽しいだけではなく、読者の感情に訴えやすくなるという大きなメリットもあります。

言葉で映像をイメージさせるのに効果的なのは、擬声語、擬態語です。基本的に副詞に包含される言葉で、「さらり」「パッ」などもこの仲間です。いわゆる「オノマトペ」といわれる言葉。日本語はこの種類がとても多いのが特徴です。

〈擬音語・擬声語〉 実際の音を描写した言葉

メーメー、ブーブー、ドクドク、ガチャン、ゴロゴロ、ガタンゴトン、パチパチ、チャリーン、ドカン、ズズー

〈擬態語〉身ぶりや状態、様子、感情などを音であらわした言葉

バラバラ、メロメロ、モクモク、キラキラ、ギラギラ、ピカピカ、ワクワク、ドキドキ、たっぷり、キュン、ジーン、ムラムラ

擬声語、擬態語は臨場感や躍動感を演出するにはもってこいの言葉で、読者に深い印象を与えることができます。

たとえば、「梅雨に入り、雷の音がする」というより、「梅雨に入り、ゴロゴロと雷の音がする」と擬態語を入れただけで、より季節感が出ますね。

例

- 新しく車を買った。

↓ 新しく車を買った。ピカピカだ。

- 妻が誕生日のお祝いをしてくれた。

↓ 妻が誕生日のお祝いをしてくれた。じーんときた。

・できたてのピザを食べた。チーズが溶けておいしかった。
↓　できたてで、熱々のピザを食べた。チーズがとろりと溶けて、サクサクした歯ごたえも抜群だった。
・彼女と目があった瞬間、胸の高鳴りを感じた。同時に、熱いものがこみ上げてきた。
↓　彼女と目があった瞬間、キュンと胸の高鳴りを感じた。同時に、熱いものがグッとこみ上げてきた。

同じ状況を文にしているにも関わらず、擬態語を入れた例文は、風景が目に浮かび、感情の高まりを感じます。リアリティも増しますね。

童話作家の宮沢賢治も、擬声語・擬態語の使い手として有名です。

・のっしのっしと大股にやって参りました

・あちこち星がちらちら現われました
（『双子の星』）


このように1行抜き出しただけの短い文でも擬態語によって、読者に物語の場面を想像させます。

関心のある方は、『宮沢賢治のオノマトペ集』（筑摩書房）という書籍もあるのでご一読ください。


擬声語・擬態語は多用しすぎると、文章が子どもっぽくなる傾向もありますが、状況を描写するには秀逸なテクニックなので覚えていて損はありません。

オノマトペを使うときは、**感じたままを言葉に変えて、読み手の共感を得られるのが理想の使い方**です。

独創性を発揮してさまざまなフレーズを書いてみましょう。

表現の引き出しが増えて、文章力が磨かれていきますよ。

擬声語・擬態語 例文

以下の例文は一つの例です。シチュエーションによって、さまざまな擬声語、擬態語を入れて臨場感を出すトレーニングをしてみましょう。

1 **火事の現場** **（消防車のサイレン音をあらわす）**

〔　　　　　　　　〕

回答例：消防車のサイレンがウーウー鳴ってすごかった。いったい何台、来ていたのだろうか。

2 **体調が悪い** **（頭痛、胃痛など二日酔いの症状をあらわす）**

〔　　　　　　　　〕

回答例：朝から頭がガンガン痛い。おまけに、胃もシクシクする。もう二度とお酒を飲むのはやめよう。

3 **合格発表を待つ** **（発表を待つ緊張感や玄関先の音をあらわす）**

〔回答例：今日は合格発表の日。朝からそわそわして、玄関を行ったり来たり。どうも落ち着かない。「ピンポーン！」と、鳴ったので、慌てて玄関に走ったら、宅急便だった。もうぐったり疲れたよ（笑）。〕

4 **野球を見る**　**（打球や選手の様子をあらわす）**

〔回答例：彼はとてつもない強肩《きょうけん》だ。どんな打球が来てもスッと忍者のようにキャッチする。そして、キャッチャーミットに「ビューン！」とレーザービームを放つ。まるで音を出して吸いこまれるようだ。〕

5 **お花見で見る桜**　**（桜の美しさをあらわす）**

〔回答例：友人たちと楽しんだお花見。きれいなピンク色の花々はハッとするほど美しく、たまにヒラヒラと舞う花びらもまた美しかった。〕

6 **プレゼンにて**　**（プレゼン前の緊張感をあらわす）**

［　　　　　　　　　　　　　　　］

回答例：いよいよ出番が近づいてきた。しっかりと準備はしたものの、ドキドキと心臓が鳴る。ゆっくりと壇上に上がり、そっとマイクをとった。

7 **新商品の発表**　**（商品のすばらしさを伝える）**

［　　　　　　　　　　　　　　　］

回答例：今回発売となる掃除機は従来よりもパワーアップして登場！　ぐんぐん吸いこむ吸引力は従来の3倍！　すいすいと楽にお掃除できます。空いた時間でのんびりと過ごせば、家族の笑顔も増えるはずです！

8 **自宅での休日**

［　　　　　　　　　　　　　　　］

回答例：ようやく取れた休日。久々にドライブしようというと、妻はニコニコと嬉しそうに笑った。思い出の海はキラキラと輝き感動を覚えた。

「くり返し効果」で説得力向上！

「単純接触効果」という認知心理学における理論があります。

これは、**繰り返し接触することで、警戒心が薄れ、好感度が増していく**というもの。法則を導き出したザイアンス博士の名前をとって、**「ザイアンスの法則」**とも言われています。この繰り返しは、CMなどでよく使われる手法です。

繰り返し商品名が連呼されたり、同じフレーズが流れていたりすると、無意識に口ずさむほど印象に残りますね。

たとえば、CMで有名なキャッチフレーズ、「そうだ 京都、行こう。」「あなたとコンビニ～」などは誰もが知る名フレーズです。

これらはプロ中のプロが考え抜いたコピーですが、繰り返しさまざまなシーンで人々の目にふれ、多くの人々の頭に残っているコピーです。

また、ＣＭによく起用されるタレントの好感度が上がるのもこの効果です。ザイアンスは、提示回数が多いほど影響力が上がり、好感度が増すと説いています。街角でばったり会った後に、また電車で会うなど、たびたび出会う人に縁を感じてしまうのもその一つかもしれません。

これを文章にも応用してみましょう。

どのように応用するか、たとえば、導入・展開・結論部分など文章のポイントとなる部分で、同じフレーズを使ってみるのです。

印象的な言葉や伝えたいポイントを繰り返し主張することで、読み手にインパクトを残せます。

それでは例文を見ていきましょう。

例

春になったら、桜を見に行こう。
夏になったら、海岸を散歩しよう。
秋になったら、まばゆい紅葉の中を散策しよう。
冬になったら、雪の中そっとお互いの手を温め合おう。

単純に同じ言葉を繰り返すと、くどく感じて逆効果になるというデメリットもありますが、このように表現を繰り返すことでリズムが生まれ、読者の脳裏にフレーズが残りやすくなります。

表現に困ったときの救世主

表現に困った場合、文章にエッジ（鋭い表現や切り口）をつける方法はいくつかあります。その一つが**ことわざや偉人の言葉の引用**です。

的確なことわざを用いることで、多くを語らなくてもストレートに言いたいことを伝えることができ、文章に深みを与えることもできます。また、偉人の名言は、時間を経てもなお残っているだけの知恵や教えがこめられています。

日ごろから名言を集めておき、困ったときに活用してください。一例をあげておきましょう。

次の例は、私が投稿した記事の冒頭部分で、情報収集の重要性を謳《うた》うために、ベンジャミン・ディズレーリの言葉を引用し、出だしにエッジをつけました。

例

イギリスの政治家である、ベンジャミン・ディズレーリ（Benjamin Disraeli）は、2期にわたって首相を務めたことで知られている。ヴィクトリア朝を代表する政治家だが、次のような名言を残している。

「一般に、人生で最大の成功をおさめる人間は、最高の情報を得ているものだ。」

情報の重要性が認識されたのは最近になってからのことではない。しかし、WEBが主要な情報源になっているいま、情報収集の精度はさらに重視されている。

名言といわれるものはたくさんあり、思考を深めるヒントにもなります。以下、私の好きな名言をご紹介します。

例

「幸と不幸の差は、その人が人生を楽しく見るか、敵意を抱いて陰気に眺めるかの差であると思う」（モーリス・メーテルリンク）

「自分自身を信じてみるだけでいい。きっと、生きる道が見えてくる」（ゲーテ）

「明日死ぬかのように生きよ。永遠に生きるかのように学べ」（ガンジー）

「人生はむつかしく解釈するからわからなくなる」（武者小路実篤）

「失敗したところでやめるから失敗になる。成功するところまで続ければ成功になる」（松下幸之助）

皆さんも歴史的な人物や政治家、偉大な作家の名言を探してみてください。きっと得るものがありますよ。

ただし、著作権をきちんと確認せず使っているものも多くあります。引用には注意し、元となるデータを必ず確認しましょう。

使えることわざ・慣用句

天は二物《にぶつ》を与えず	優秀に見える人間にも、 短所も欠点もある、 ということ。
顔に泥を塗る	相手の名誉に傷をつけ、 恥をかかせること。
一旗《ひとはた》揚げる	新しく商売や事業を おこすこと。
井の中の蛙《かわず》 大海《たいかい》を知らず	知識、見聞が狭いにもかかわらず 自分の世界がすべてと思い、 得意になっていることのたとえ。
火のないところに 煙は立たぬ	まったく根拠がなければ うわさは立たない。 何か根拠があるはずだとする たとえ。
仏の顔も三度まで	どんなに温厚な人でも、 失礼なことをたびたびされると 怒ること。
君子《くんし》危うきに 近寄らず	教養や徳のある人格者は 危険なところには近づかないし、 関わりを持たない。
青天の霹靂《へきれき》	想像もしなかったような事件や 変動が、突然起きること。

さくっと書いて、じっくり読む

文章は書いたら終わりではありません。

書いた文章を読み返すことまでが、文章を書くということです。

私は1500から2000文字の記事を構想から作成まで30分程度で書き上げます。

書き始めたら、あれこれ考えずに一気に書き上げます。修正は後でいくらでもできるからです。

そして、文章を書き終えたら、全体の流れや表現に違和感がないかをチェックします。

推敲《すいこう》にかける時間は15～30分なので、トータルで30分から1時間で一つの記事を完成させています。

文章を書くとき、時間をかければよい文章が書けるわけではありません。むしろ時間をかけすぎるとリズムが失われる場合もあります。

また、微妙な言い回しであっても差が生まれることもあります。一定の勢いやリズムを保つためにも、一気に書くべきでしょう。

そして、**書くことと同じくらい力を入れているのが推敲**です。

文章をよくするための作業ですから、甘いチェックではいけません。

文章には責任が伴います。「ちょっとわかりにくいけど、まぁいいか」「どうにか通じるだろう」という姿勢では、必ず後悔する文章になってしまいます。

わかりにくい箇所はないか、間違い、勘違いがないかと、いつも自分の文章を批判するつもりで読み返してください。

自分の書いた文章は自分の分身ですから愛着もあり、かわいいものです。しかし、甘やかしていては元気な子どもには育ちません。

そこで**推敲では、自分の文章とは思わないこと**。読み手になったつもりで、わかりにくいところはないか、矛盾はないか、突っこみどころはないか、厳しい視点でチェックしましょう。

また、より客観的に自作を推敲するには次の方法もおすすめです。

①一日置いてから読み直す

夜中にラブレターを書いて、次の朝に読み直したら、とんでもなく恥ずかしい文章だったという経験はありませんか。書いた直後は、満足感に満たされて客観視できないもの。少し時間を置いてから読み直すと、気づかなかった点も見えてきます。

②印刷して読み直す

PC上の画面で文章を読んでいるのと、実際に印刷して読むのとでは見え方は大きく変わります。紙に印刷すると、一歩引いた視点でチェックでき、ミスにも気づきやすくなります。持ち歩いて、外でチェックするのもおすすめです。

③声を出して読み直す

音読しながら読み返すと視覚、聴覚の両方で文章を確認することができ、文章の読みやすさを確認できます。

④他人にチェックしてもらう

専門分野をわかりやすく解説するような文章なら、予備知識のない人に目を通してもらうといいでしょう。専門的な表現やわかりにくい書き方になっていないかなど、〝わかっている人には気づきにくい点〟を指摘してもらえるはずです。

以上のような方法でしっかり読み返すと誤字、脱字、文法の間違いに加え、わかりにくい表現を発見できます。

何より、文章を読み返すとリズムの調整ができます。すんなりと気持ちよく読めるかどうか、途中で詰まる場所はないかなど、何度も読み返して、文章の精度を上げていきましょう。

さまざまな文章に触れてみる

文章がうまい人には読書好きが多いです。

では、なぜ本を読むと文章力が向上するのでしょうか。

まず読書をよくする人は語彙や表現方法が豊かです。同じ内容を書くとしても、複数パターンの表現を有しているため、文章が単調にならず、読んでいて飽きがきません。

また本を読むことで思考力が鍛えられるのも一つの理由でしょう。

ロングセラーとして読み継がれている本には必ず何か理由があります。名経営者や政治家はやはり大量の本を読み、知識、そして表現力を磨いているのです。

読書というのはある種の〝知の格闘〟。

出された議題、現在抱えている問題点に対して、読書を通じて自分なりの回答を考える。読めば読むほど増えていく知識は強力な武器となります。その過程を通して得られた知識から生まれた文章に、裏づけデータを入れたり、魅力的なコピーを足すなど、武装し、磨き上げていくことで論理的な文章が書けるようになるのだと感じます。
文章はコミュニケーションの一種。自分の意見や考えのない八方美人的な文章は当たり障りのない分、誰の心にも響きません。これまで述べてきたようなテクニックに加え、まずは読書を通じて知識、表現法を広げることです。

また読書は推敲にも役立ちます。自分の文章だけだと、それが正しいと思いこんでしまいますが、他者の文章に触れることで、「この表現のほうが適切だな」、「いい表現だな」、「この言葉の使い方は間違っていた」、など知ることができ、表現も広がります。

人に読んでもらう前に、まず自分も他者の文章を読んでみる。

より広いジャンルの本や文章に触れていくことこそ、どんな文章もスムーズに書けるようになる秘訣だと思います。

心が動いたら即座に、書く！

映画や舞台を見て、涙したことはありますか？

私は映画で涙することはほとんどありませんが、２０１２年の大ヒット映画『レ・ミゼラブル』は涙がどんどんこぼれて恥ずかしいほどでした。

まわりにたくさん泣いている方々がいて、涙を誘われたのかもしれませんが、ヴィクトル・ユーゴーの原作を読み、舞台も見て、内容を熟知しているにもかかわらず、泣いてしまったことに自分でも驚きました。

感動にひたり続けるのももちろんいいでしょう。しかし私は、こんなときこそ、即座に文章を書くべきだと思っています。

フェイスブックでもツイッターなどのＳＮＳでも構いませんが、心に響き感動したことを文章にすれば、何に感動したのか客観視することができます。

感動が深ければ深いほど、文章にすることで自分の考えを整理でき、その中で何かしらの気づきもあるはずです。

相手の気持ちがわかるようになるかもしれません。

物ごとのとらえ方が変化するかもしれません。

これまで自分でも気づかなかったことに目がいくかもしれません。

文章を書くという行為は人を成長させる、そして書けば書くほど感覚も豊かになり、ひいては人生も豊かになると思います。


「読むことは人を豊かにし、話すことは人を機敏にし、書くことは人を確かにする」

フランシス・ベーコン

おわりに――文章力はあなたを強力にサポートするスキルだ！

仕事とは何によって成立するのか。仕事の中心には「文章」が存在する。ホームページ、会社案内、メール、企画書、ニュースリリース、社内報、打合せ資料……あなたの「文章」が、仕事の成否を決定づけるといっても過言ではないだろう。「文章力」は一度、身につけてしまえば生涯にわたって使うことができる。しかし、こんなに大事な「力」でありながら、実用的な文章の書き方は学校では教えてくれない。そこで私のこれまでの経験から蓄積してきた私なりのノウハウを本書にまとめた。

本書でも詳しく述べているが、私が文章を書く上で一番意識していることは、「どんな読者が読むか」ということだ。ここのピントがずれていたら、届くものも届かない。書いて何かを伝えるということは、好きなことを書きたいように書くだけでは成立しない。アウトプットは異なるが、書籍においても、広告においても、論説においても、必ず読者が存在する。

たとえば、企画書を例にしてみよう。

「相手が社長なら、内容は簡潔に、ポイントを押さえる」、「相手が分析肌の人なら、データを駆使し、根拠を明確にする」、「相手が目立ちたがり屋なら、新しいキーワードを盛りこんで、目立つことを印象づける」。……読者を想定せずに、仕事は成立しない。

また、文章術はビジネス面においてのみ重要というわけではない。お礼状だったり、案内文だったり、私たちの日常を考えても、文章術は必要不可欠なものになっている。文章スキルを早く習得すれば、情報発信の幅はどんどん広くなるだろう。

本書を通じて、読み手に行動を促す文章の秘訣、エッセンスが伝われば、望外の喜びである。

書くことにこれまで苦手意識のあった人も、明日からはきっと書くことが楽しくなっていると信じている。

いつかどこかで、あなたの文章に出逢える日を筆者として楽しみにしたい。

尾藤克之

あなたの文章《ぶんしょう》が劇的《げきてき》に変《か》わる5つの方法《ほうほう》

著　者――尾藤克之（びとう・かつゆき）

発行者――押鐘太陽

発行所――株式会社三笠書房

〒102-0072 東京都千代田区飯田橋3-3-1
電話：(03)5226-5734（営業部）
：(03)5226-5731（編集部）
http://www.mikasashobo.co.jp

印　刷――誠宏印刷

製　本――若林製本工場

編集責任者　本田裕子
ISBN978-4-8379-2723-5 C0030
© Katsuyuki Bito, Printed in Japan
＊本書のコピー、スキャン、デジタル化等の無断複製は著作権法上での例外を除き禁じられています。本書を代行業者等の第三者に依頼してスキャンやデジタル化することは、たとえ個人や家庭内での利用であっても著作権法上認められておりません。
＊落丁・乱丁本は当社営業部宛にお送りください。お取替えいたします。
＊定価・発行日はカバーに表示してあります。

三笠書房

図解　頭のいい説明「すぐできる」コツ

今日、結果が出る!

鶴野充茂

50万部突破のベストセラーが、「オール2色&オール図解」で新登場!

人は「正論」で動かない。「話し方」で動く。「結論で始まり、結論で終わる」。「大きな情報→小さな情報の順で説明する」「事実＋意見を話の基本形にする」「強調したいときは『私は』を少し増やす」などなど「1分間で信頼される人」の話し方が、「読んでわかる、見てわかる」本!

「話し方」「伝え方」ほど人生を左右する武器はない!

櫻井　弘

ビジネスマン、主婦、学生……今、いちばん頼りになる「話し方」の決定版!

第一印象・仕事の交渉・プレゼン・上司、部下、友人、家族、恋人との関係……こんなにガラリと変わるのか!　一生役立つ「頭のいい話し方」のコツ、すべて教えます!　ひと目でわかる図解入り。この1冊だけで、あなたも今すぐ話し上手になれる!

自分の時間

1日24時間でどう生きるか

アーノルド・ベネット【著】
渡部昇一【訳・解説】

イギリスを代表する作家による、時間活用術の名著

朝目覚める。するとあなたの財布には、まっさらな24時間がぎっしりと詰まっている――

◆仕事以外の時間の過ごし方が、人生の明暗を分ける◆1週間を6日として計画せよ◆習慣を変えるには、小さな一歩から◆週3回、夜90分は自己啓発のために充てよ◆計画に縛られすぎるな……　推薦・佐藤　優

T30280